Jspace

稲田出版

稲田出版

Jspace
JS01

# 誰劫奪了
# 笛卡爾的腦袋？

## 腦科學看意識、靈附與靈療

謝仁俊　著

推薦序 1

# 正統腦科學家跨出勇敢的一步

李嗣涔 / 臺灣大學 前校長

　　我在1990年代中期就認識謝仁俊教授，主要是因為我當時在研究兒童手指識字現象，具有功能的小朋友在暗袋內，用手指觸摸折疊的字條，都會聲稱他們大腦裡會突然出現一個像電視的螢幕（天眼屏幕），俗稱開天眼，紙上字的顏色或筆畫，會一步步出現在屏幕上，最後完整看到這個字或圖案。我當時很想知道大腦哪個部位出現天眼，大腦生理上有甚麼變化。當時打聽到國立陽明大學的謝教授，也是榮總的醫師，掌控了兩台昂貴的儀器，可進行功能性磁振造影及腦磁波的研究，可以測量大腦的功能影像與電磁活動。認識了謝教授以後，發現他很開明，不會當下就拒絕這種怪力亂神的實驗。

　　1999年我們手指識字實驗在國內物理學會十多位教授的見證

下，發現宗教的神聖字彙例如佛、觀音、耶穌等字詞會導致手指識字產生異象，天眼上看不見文字而是亮光、亮人與亮的十字架等殊勝景象，而促使我們發現，這個物質宇宙物質世界之外，似乎還有另外一個信息場（現在叫做靈界）存在。我的下一個問題就是：靈界經過證明似乎是存在了，但是佛教講的「因果輪迴」是否存在？是否真有靈魂？運氣很好的是，不久之後，我就認識了本書所介紹的J老師，看過無數的靈療錄影案例，我內心確認了靈魂及「因果輪迴」是真的存在。

後來2002年，我與謝教授合作，試用腦磁波儀來測量有功能的T小姐手指識字時大腦電磁場的變化，總共做了兩次，都在榮總地下室的腦磁波室進行。第一次檢測很不順利，T小姐開天眼時常常看到有動物的爪子來騷擾天眼屏幕，因此我請謝教授再試一次。第二次我請了一位道家好朋友在腦磁波室坐鎮，只見他喃喃唸咒佈下金鐘罩保護T小姐做實驗，結果檢測順利，沒有不乾淨的鬼魅動物靈來干擾。但可惜的是，因為T小姐要口述腦中天眼狀況，頭部動作較大干擾電磁信號而失敗，但是確認了道家的金鐘罩佈陣是有效的。

2005年6月，我擔任台大校長後就停止了特異功能的實驗，直到2013年6月校長卸任後，才重新恢復相關研究。我最近幾年有機會聽到謝教授幾次腦與神經科學方面的演講，知道他對腦科學及意識理論有深厚的造詣，也注意到他開始對J氏靈療的興趣，常常到J氏靈療現場親自記錄靈療過程及面談受治者當事人。這表示他做為一個正統腦與神經科學家及臨床醫師，已經開始尋求治療神經或精神

性疾病的另類療法。

　　這次他寄新書稿《誰劫奪了笛卡爾的腦袋：腦科學看意識、靈附與靈療》請我寫序，我一看書稿內容非常高興，原來他不只是對治療精神疾病的另類療法有興趣，而是有更崇高的目的，希望藉由J氏靈療的介入影響與靈療現象，排除掉現代腦科學及意識理論所有可能的解釋，而這正是他學術背景功力深厚之處，因此可以提出新的理論來解釋他所觀察的現象。他的結論是我們必須跳脫科學唯物主義腦科學的框架，而以截然不同的科學哲學的思維及更開放的視野，重新檢視意識的形上學維度以及其真實性。

　　我很佩服他的勇氣，書中直接向延續了幾百年似乎是顛撲不破的唯物論科學架構提出挑戰，我也提醒他，未來會面對極大的指責與批評，就像我過去三十年來所面對的一樣，不過也很高興有一位科學界的戰友，跳出來一同挑戰唯物論的科學框架，祝福他成功。他在書中有部分內容提及特異功能與靈附，我則提醒他小心，特異功能有太多不同的形式，有些與靈附有關，有些無關，比如特異功能人士會開天眼產生念力彎物或搬運物體、讓死亡的花生起死回生快速成長等不可思議現象，是非常困難的能力，主要是依賴功能人本身長期訓練學習所建立的能力，兩者有一些分別。希望未來他能在這方面出新的書，來做更深入的闡釋。

## 推薦序 2

# J 氏通冥記：一個宗教學者的觀點

李豐楙 / 政治大學 宗教研究所 名譽講座教授
　　　中央研究院 院士

　　五四運動百年的紀念剛剛結束，科學與民主既是臺灣民眾的現代素養，而宗教卻也興盛如昔，二者並存毫不相礙。在此一兼容並蓄的情況下，謝仁俊教授的《誰劫奪了笛卡爾的腦袋：腦科學看意識、靈附與靈療》一書，在這個時機出版可說是應時應運，不論科學界如何反應，在人文、宗教學者的眼中，多會贊同謝教授的「冒險」行動，將其視為科學界的自我省思。

　　科學界一向講究「典範轉移」，他既大膽提出「J氏靈療」，試圖從腦科學專業解釋其中的奧妙，如果持之以恆獲得同行的稱許，就有機會形成新典範，其中的意義為何？當初胡適（1891-1962）以其學術威望促成的，就是讓《正統道藏》離開道觀藏經樓，首次以涵芬樓版公諸於世，此乃道教界、道教學界的一件大事。他也作

過一件奇特的研究，就是考述《真誥》，但今之道教學者罕見贊成的，這部仙真降誥的實錄成於楊許集團（楊羲、許謐等），他一口批判為鬼話連篇，不知還有另一部《周氏冥通記》，從題目到所記更是仙言仙語；這兩部通冥紀錄在道教史自有公論，其中蘊藏許多的神仙神話，就像神話的「文化百寶箱」，即卡爾・榮格（Carl Jung, 1875-1961）所謂的「原型」與「共時性」。日本學界曾組班會讀《真誥》，並出版校注與發表論文；另一周子良冥通紀錄也有同一情況。由於當時胡博士處於革命激情中，因而平白失去一個揭密的機會，真是遺憾！

從道教的「冥通」（冥者離諸妄相而冥寂，通者融通一切而無礙）經驗切入，當時上清經派（茅山道）既表明其宗教立場：既以之區別於巫師的降神，學界像許地山雖也一概視為廣義的扶乩文化，其實中間存在著微妙區別：冥通與降神、扶乩，其間的差別就像分辨J氏與乩童、靈通者，不宜等同視之，在此特別以「通冥」來形容J氏的境界，作為區別。不過在宗教學的諸多課題中，必須指出其中仍有共同點：「神秘經驗」（或譯密契經驗），正存在此一身心靈的真實體驗，「宗教」不能簡單的等同「哲學」，迄今仍倍受宗教學界的細心呵護，認為這種經驗普世的宗教皆然。正因如此，道教創教既出現神啟性道經，這兩部冥通記就具有指標性。一般誤以為道與巫的關係密切，冥通體驗就像巫者被神靈附身，常將仙真降誥視同降神；其實彼此間之差異，就像謝教授紀錄中一再提到對J氏的奇妙觀察。

為什麼亟需指出此一關鍵點，原因就是臺灣學界研究乩童的較多，且形成一切都被乩童化的泛巫觀點，而忽略還有許多宗教修行有成者。我們無意貶低巫師、乩童的特殊能力，尤其晚近出現一小波調查宗教的熱潮，甚至還會排出階序：從童乩、靈乩到通靈者。但作為宗教／道教研究者必須指出，不宜將J氏混在一起，冥通者雖和乩童、靈乩、通靈人一樣，都可通靈、與靈溝通，而身心狀態卻有根本的差異，關鍵就在是否被外靈附身。亦即堅持「自我的身體所有權」，這就涉及身心靈的「主體性」，並關聯社會人士的不同眼光。是則，應該如何評價J氏的宗教身分？

　　宗教學者始終有其終極關懷，無論道教、佛教作為制度化宗教，均重視自己的身體、身心靈的擁有權，整個教義的重點在自我、內在的超越性。不過有一點相通處，就是不會懷疑「靈的存在」。亦即「靈」能獨立存在於身體之外，不管高級的神靈、仙靈，抑或等級各異的鬼靈，這個無形界充滿著神秘或詭異！在本書中曾例舉國內外諸例作為佐證，其中觀察者大多是醫生，不過在我們的文化傳統中，非關道教、就是佛教，不能忽略曾長期累積豐富的宗教經驗。從文化本土性言，這些經驗可被總結為一套理論：「常與非常」；常泛指平常人的「正常」狀況，所以平順渡過平凡一生就是幸福，幸運的是世界上常人居多。這種情況就像地獄圖上象徵表現的，人在投胎轉世後先喝孟婆湯（如同忘川水），而後才了無殘餘的出生下世，這是有智慧的宗教隱喻。因為一旦前世今生糾纏在一起，就是歸屬「非常」狀況，就像冤親債主一樣，雖則間隔數代仍會干擾，類似的「異常」就亟需處理。現代人既接受了科

學、民主的洗禮，但出現「異常」的非常狀況，若是現代醫技無從解決，仍舊還會需求「超常」者，就像J氏一類。這種經驗法其實早就形成定律：「非常治非常」，就像J氏採取靈活的靈療法。有趣的是這套療癒機制，以往經常寄寓於宗教：從本土的道教到外來宗教如佛教俱是；最近一波則是基督宗教、伊斯蘭教等，凡能解決人生的困境、提昇內在的靈性，縱使在科學昌明之世，宗教仍會存在，相關的療癒也就會被接受。面對這一類性質特殊的宗教療癒，科學、醫學界到底如何解釋、解決？

謝教授幸運的就是不必繞道研究乩童，而直接就接觸「J氏靈療」，並根據自己專業的腦科學經驗，親自觀看了繁多的靈附現象，重點就在靈療者與求治者之間的關係；由於以往學界過度聚焦於乩童、法師，這些調查研究雖說不多卻也未曾欠缺，致使學界慣用的理論就是恍惚狀態、人格解離等。本書中也回顧這些西方的學術經驗，卻不囿於以往既有的定見，方能展開另一高層次的身心靈研究，正可彌補這一空白的區塊。

由於J氏的能力乃先天既有的，雖已離開「童」的人生必經階段，但這種能力並未消失，甚至還持續增強，故可用於濟世、覺民。到底怎麼理解這件事？本書強調J氏並未絲毫陷入恍惚狀態，因為J氏本身是出於平常心、慈悲心，並以高超的能力／能量解決靈附的生命困頓。在人口比例中擁有這種能力者既不多，以往出現這種神異的超常能力，為了方便生存於現實社會，通常不歸佛即入道，可能就會成為歷史上的高僧、高道。而J氏在當代的臺灣社會，則選

擇自我之道，同樣置身於當代社會卻能和光同塵：低調而不顯露，
雖曾受過高等教育，卻發願以這種異能濟世度人。三十餘年來既不
排斥宗教，卻刻意淡化，僅將化解之道精練為懺悔法門，方便求治
者必先懺悔反省：前世之過、累劫所犯之罪。這些不可確知的無形
界，正是靈療能夠成功的關鍵，各個宗教俱然，這就是「台北街頭
通冥師」的當代風格。

　　謝教授對於求治者的靈療過程，總結其共同點就是「身、腦、
心、靈」的困擾，在中間既加上一個「腦」字，就彰顯本身的醫療
專業及其運作機制，企圖理解「J氏靈療」存在的理由。從宗教學的
「神秘經驗」言，經年歷久而累積豐富的操作經驗，各宗教雖說各
有內部的傳承，而J氏選擇的形式既傳統又現代。謝教授比同行幸
運的在其較佳的條件：適當的研究對象、足夠觀察的案例、目前可
以運用的科學理論。在臺灣李嗣涔教授作為先驅者，所選擇觀察的
是高橋舞小姐，而謝教授則長期觀察J氏，故方便在靈療機制上突破
乩童、靈乩的限制！在開篇特別先引中古時期的兩個範例，古今俱
同，作為知識精英的經驗雖互有同異，但J氏所面對的難題卻在當
今：到底如何選擇自我之道，放棄傳達誥語的經典，而選擇現代人
仍需的靈療；同時也不放棄身體所有權，仍可成為觀音的「人間代
言者」，發揮其通冥的神異能力。

　　為了區別外靈附身而習稱「靈界」，建議仍可沿用「冥界」，
意指相對於有形的無形界。本書實錄超乎乩童、靈乩及通靈人的概
念，觀察重點不是傳統宗教研究對靈療者被附身的恍惚狀態的敘

述，而是將問題聚焦於被靈附者的身、腦、心、靈，這種研究進路的突破正是其學術貢獻所在，不再限於普世性薩滿／巫的原始宗教，而是精緻、進化的佛、道二教。在此必須鄭重的指出：J氏之所以不同，就在自身神靈體質、心質的高低，從道教語言觀看就是「道行高低」，而從佛教言則透徹八識的阿賴耶識，這一點關鍵的差別：冥通者、神異者，並非一般的靈乩、通靈人，這種宗教與醫學的學術研究正有待展開。

我們宗教學者有幸任教於宗教學門，較諸其他學門有更多的機會接觸特殊的一群：從通靈少女、冥通師乃至術數中人俱有，這就是我們的學術「日常」。由於這個學門所累積的經驗既多，也一直接受不斷的挑戰，從不語怪力亂神的合理主義到科學唯物論俱有，這些理性的強調我們並不排斥，且感謝他們一再提醒。卻也未曾阻礙選擇斯道者的興趣，在宗教領域活動既久、閱人亦多，類似J氏擁有的超常能力，厥為此中之上選，有助於解開宇宙的奧秘。謝教授既是有心人、也有特殊的眼光，這本書初步建立的科學架構，確實有助於挑戰一些固定的觀念。我們期待下一部實錄：「J氏冥通記」，將可代表當代醫界的科學揭密。

但作為一個宗教學者仍需提醒：切勿盡洩天機！目前能掌握的科學知識及技能，在人類漫長的求知之路只是一小步；而宗教的存在則已千年萬年，其中高道、高僧盡其一生於斯道，但始終有一個默契：不顯神通、不盡洩天機！這種心態並非宗教家的保守，而是面對天道的謙虛自處。J氏既作為觀音的人間代理者，聞聲救苦以度

世厄；而謝教授也勇於跨出第一步，爾後仍有漫漫長路在等待著，既是科學之路、也是宗教之道。在此既以一位道教學者的宗教觀點，期待科學界惠然肯來，共同轉移舊的典範，這就是人文學、宗教學的一大心願。

推薦序 3

# 寓「知識論上的洞見」
# 於「道德救濟的慈悲」之中

陳思廷 / 清華大學 哲學研究所 前所長/教授
　　　　台灣哲學學會會長

　　當我們看到在腦科學研究領域具有傑出成就的醫師科學家，撰寫了以靈附現象作為探討主題的書籍，我們是否會感到驚訝？如果答案是肯定的，這意味著我們擁有如下未曾言明的偏見：靈附現象，似乎不太像是可以成為科學探究的一項主題，更遑論傑出的醫師科學家會認真地看待這項主題，並對其展開系統性的省察與探究！但是，當我們翻開謝仁俊教授的這本書，隨著其流暢但不失嚴謹的筆調與論證閱讀下去時，這項偏見就會被逐漸地瓦解至煙消雲散！我認為這本書之中將靈附現象認真看待，並將其納入科學解釋的範圍之內的態度與作法，在知識論面向上，對何謂「科學方法」的爭議，提供了嶄新且深具啟發性的理解。此外，我也認為書中所提及的許多J氏靈療案例，在道德面向上，對何謂具有「公平正義」之涵義的人道關懷之救濟，提供了寓意深遠的例示。

我之所以認為謝教授的這本書，在知識論上深具啟發性，主要是從「如何檢測某一假說是否為真」的「科學方法」之面向來理解。試想當科學家擬針對某些類似現象進行理解時，他們通常會怎麼做？科學家通常藉由觀察這些現象，並在這項觀察的分析與歸納基礎上，為這些現象提出一項「假說」（hypothesis，以 h 代表）；緊接著，利用這項假說，科學家針對這現象的所由發生提出一項解釋或說明。為了要驗證這項假說的確就是眼前這個現象的真確之假說，我們會再以這項假說為基礎，在類似的狀況下，「預測」未來是否還會出現相同的現象（預測是prediction，以 p 代表）。如果未來出現的現象（將這現象當作證據evidence，以 e 表示）的確如預測般的現象（亦即，p＝e），就接受該項假說為真；反之，如果預測的結果不如預期（p≠e），就視該假說為假並棄絕它。這項科學假說驗證之程序通常被科學哲學家稱之為「假設－演繹的確證法」（the hypothetic-deductive method of confirmation，簡稱 H-D 確證法），以形式化方式表述為如下的「論證形式 1」：

　　　・制定「假說」（hypothesis，簡稱 h）
　　　・從 h 推導「預測」（prediction，簡稱 p）
　　　・測試 p

　　根據 p 是否為真，來判斷是否接受 h（如果 p 為真／為假－即符合／不符合事實（e），則 h 被確證／不被確證，也因此 h 被接受／被拒絕）

　　容或H-D確證法看似非常符合我們的科學直觀，並且當預測的

結論（p）不真確－亦即，當p≠e時，棄絕假說（h）的舉動也看似符合形式邏輯的「否定後件」（modus tollens）之推論原則；但是，以這樣的方式來解讀H-D確證法似乎有將其簡化解讀之嫌。

檢視科學家真正的科學實作，我們通常會發現：科學家在提出假說的同時，也會提出與這假說相關的一些「假設」（assumptions，簡稱a），因此前述論證的前件之中除了「假說」，也應包含「假設」在內。因此，H-D確證法更為完整的形式表述為如下的「論證形式 2」：

- 制定 h
- 從（h 與 a）推導 p
- 測試 p
- 根據 p 是否為真（亦即，是否符合事實），來判斷是否接受 h

因此，在科學實作上，當使用 h 與 a 所推導出的 p 不能夠通過實情的檢驗時，p 不為真的過失也就未必能夠一定歸咎於前提 h，也有可能可歸咎於前提 a，或者可同時歸咎於 h 與 a。這狀況其實就是反映了科學哲學界著名的「杜亨－蒯因論題」（Duhem-Quine thesis）：當觀測結果（e）與假說預期（p）不相符合，不一定就代表假說（h）出錯，因為有可能是相關的假設（a）出錯所致。至於究竟是假說或假設出錯，則要靠科學家以進一步的「經驗觀測」與「實情檢驗」之程序，以確認出究竟何者應該為假說預期不符合實情來負責。換言之，即使科學假說被證偽，也不等同於要放棄這一

假說，科學家還得進一步藉由觀測與檢驗之程序，來確認究竟是 h
或 a 應被咎責。

　　贊同以「論證形式 1」來刻畫科學方法的科學家，可視為持有
較封閉的「自認為已具有完備的因果結構」（self-proclaimed self-
contained causal structure）之本體論的科學家；贊同「論證形式
2」的科學家，則是持有較開放的「開放的因果結構」（open causal
structure）之本體論的科學家。在知識論面向上，前者通常會採取
所謂的「科學區域主義」（scientific localism）之立場。科學區域
主義者會以「很有信心的態度」，宣稱科學探究者所掌握的因果結
構之資訊，已足夠用來判定某科學假說之真偽，而據以接受或棄絕
該假說。後者則通常會採取「科學整體論」（scientific holism）立
場。科學整體論者會以「較為謙遜的態度」，認為科學探究者所搜
羅的資訊，並不足夠用以來判定某科學假說之真偽；當假說的預測
與實情不相符合時，科學家應該做的並不是立即丟棄假說，而是轉
而去探詢這偌大的因果結構裡，究竟還有那些部分與理論的假設相
衝突，再以這項資訊，去說明為何先前的假說（或假說之預測）會
不相符於實情。

　　面對主流醫學難以解釋的J氏靈療之意識變異案例，謝教授仍然
保持著開放但謹慎嚴格的科學探究態度，並以其研究實作與實際行
動向我們例示：作為一位傑出的主流醫學之醫師科學家，他仍然可
以是一位對自然與生命抱持敬畏與謙恭態度、採取「開放的因果結
構」之本體論的「科學整體論者」。謝教授在全書之中所展示的就

是，在鬆綁物理主義的「只有物理物件才可以有交互作用」的假設後，允許了「物理物件與非物理物件可以有交互作用」之條件，如此有關「外靈」（或附靈）與「物理實體」（人類個體）產生交互作用的靈附現象，也就能夠納入主流醫學的研究範圍，謝教授也能夠以更開闊的眼光將原本主流醫學較受限的因果結構觀點，擴展至可容納更多種類物件的較開放式之因果結構觀點，並將此先前無法解釋的特異現象，以主流醫學慣用的實證研究方法，持續進行探究與解釋。以謝教授所具有的謹慎嚴格之實證科學態度，隨著對靈附案例有更多新發現的證據，他必定會持續以開放的態度修正其理論與假說，讓更多有關靈附的奧秘得以被科學的方法解密，讓更多原本不被人所知的諸多事實，得以被公諸於世。

　　謝仁俊教授的書中所提及的許多J氏靈療之案例，讓我印象最深刻之處在於：整個靈療過程之中，其實就是涉及三個主體－求治者、施治者、與附靈－之間的對話與互動關係。求治者之所以會被外靈附身，最主要的原因通常是求治者在某個生命世代，曾經與外靈的本體有過交往，並做出有負於該本體的情事，因此這位帶有仇恨意念的本體，才會以外靈的形式附身於求治者，以各種苦痛厄疾來折磨求治者，以達報復之效。所以，施治者在附靈的案例裡所扮演的，就是處理涉及陰陽兩界恩怨情仇糾紛的仲裁者，或調解者的角色。謝教授認為J老師在進行靈療時，實際上就是在實踐著懷抱慈悲大愛的菩薩道，因為J老師是在為身處冥陽兩界的附靈與患者修善他們的惡緣關係，並進而改善附靈與患者的健康情況，使得陰陽兩界涉案的兩造都能得利，可謂是執行了能讓陰陽兩造兩相獲利的和

平談判。謝教授的詮釋，其實就呼應了西方規範倫理學裡的「衝突的正義理論」觀點。

　　衝突的正義理論認為：面對著瞬息萬變的各種不同狀況，每個人內心之中的理智與欲望都時常在交戰著，因而內心會產生衝突；但是，最終，心靈會有所決定並會採取相對應的行動。準此，兩個人構成的小團體也能從團體成員各自的個人均衡狀態，經由對話、討論、與協商等溝通程序，得出團體的全體成員都能夠接受的該團體均衡狀態；依照相同的推論，我們也可以從各個小團體之均衡狀態，推論出包含了許多小團體的社群之均衡狀態。同理，從各個社群之均衡狀態，我們也可以推論出包含了許多社群的城邦（或國家）之均衡狀態。換言之，不論是小至個人心靈的交戰狀態，或大至城邦之內各組成份子之間的衝突情況，它們所達致的最終之相互妥協的均衡狀態，就是所謂的正義狀態。

　　從這項理論觀點來看，謝教授所描述的J老師之靈療過程，靈療的形式通常是由J老師擔任仲裁者，來調解求治者與附靈之間已事隔久遠的惡緣關係。須注意的是：J老師不只是在我們這個塵世之內，針對兩個人的夙怨進行排解；J老師是在不同的陰陽兩界之間，顧及求治者與附靈雙方的千百年夙怨與訴求，透過積極的協商談判與折衝樽俎之過程，以尋求出雙方都可以接受的公平正義之均衡結果。從這一方面來看，J老師在靈療之中所進行的事務，實際上，就是以仲裁者的身份在主持一場公平正義的溝通與對話；而對於需要被進行調解與修復的陰陽兩造而言，J老師真可謂是一位不折不扣充滿慈

悲大愛的道德救濟者。

　　讀畢全書後，我有如下深刻的感受：謝教授是一位對自然與生命抱持著謙遜態度並採取「開放的因果結構」之觀點的「科學整體論者」；可以說，從J老師的靈療實作所展現之「道德救濟的慈悲」之中，謝教授獲得了本體論上的啟發，從而啟動了他在科學研究上的「知識論上的洞見」。這本書就是鉅細靡遺地記錄著我所敬重的謝仁俊教授，針對J氏靈療案例所進行的本體論與知識論上的反思，並忠實地記載著謝教授所進行的一切相應的主流科學之研究。這是一位傑出、誠懇、謙遜、堅毅、與慈悲的醫師科學家，對靈附現象的科學研究之全紀錄，我非常享受地閱讀了這本書，在此也鄭重推薦給您！

推薦序 4

# 打開心胸，接受震撼！

林耕新 / 耕心療癒診所　院長
　　　　前高雄市立凱旋醫院　精神科主任
　　　　前高屏澎精神醫療網　執行長

*要解決以前未曾解決的難題，*
*你必須向未知敞開心門*

—理查‧費曼（Richard Feynman, 1918-1988）

　　接到電話希望我為這本書寫序時，當下簡直難以想像！

　　多年來，書中的J老師給我的印象是低調到「不希望被拍到照片」，不管公開演講或私下場合，記憶中國內外知名媒體想訪問J老師的靈療均遭她婉拒，只是默默的隱身人間，以靈療度化接引幫助眾生。如今她願意將多年的特殊靈療經歷，透過一位受過最完整腦科學訓練且專精腦科學與腦功能影像的醫學教授公開，老實說，到現在我仍不清楚J老師為何改變心意？

　　大約十五年前我還任職高雄市立凱旋醫院社區精神科主任時，

接獲台大電機系李嗣涔教授（後來任台大校長）來電，問我「何時可以北上，帶你去認識一個特別人物」。我心想：「李教授已經很特殊，他口中的特別，到底多特別，務必要見見！」

在一個風和日麗的週末下午，我們來到台北的一個有寬敞空間的協會，迎面而來是位氣質典雅擁有高學歷的一位女士，完全不像既定印象中的「仙姑」。簡單寒暄後，李教授請她給我看看她「療癒」個案的影片，等等！她不是醫療人員，然而接下來的一小時，我便見識到謝教授看過J老師「靈療」過程後所寫下的感想：

> 我看過J老師非常多的案例顯示，在第五種「附靈入侵下之意識變異狀態」下，即令受治者當事人雙眼緊閉（這是在此種意識變異狀態下常見的狀況），附靈仍然能清楚地知道當時所處房間的所有空間安置，可以無礙地控制已易主的身體進行各種活動，包括正確地知道房間門的方位欲奪門而出，或直接躲到桌子與長凳之下，且能閃避行動過程中的各種障礙物，如人、椅子、板凳等，完全不須憑藉受治者的感官系統。（見本書第五章之「身體歸屬與身體所有權的變化」一節）

我仍然清晰記得當時把自己知道的精神醫學知識（解離狀態、失真感、宗教和誇大想法、歇斯底里、附身、甚至去真實化、去人格化等等）迅速在腦海中想過一遍，除了驚訝，我留下許多疑問：斂財？詐騙？表演？裝神弄鬼？想出名找人配合演出？

任何受過科學訓練的人必然想提出問題，甚至研究一下這到底

是什麼現象？李教授很熱心地解釋畫面讓我看更清楚，無奈我根本無心影片內容，只是滿腦子懷疑和想檢查J老師的大腦是否異常？萬萬沒想到多年後，竟然有國內首屈一指的腦科學家真的花費數年去探討靈附現象、J氏靈療，以及變異意識有關的未知領域。

我從小對人類如何思考，大腦怎麼運作，充滿好奇！高中時代甚至立下志願，想研究與人類基因相近的黑猩猩為何不能開口說話，而興起「教會一隻猩猩開口說話」的夢想，然而資質駑鈍無法如謝教授揮灑於大腦奧妙之間，最後只能當庸庸碌碌的開業醫師執行一般臨床醫療。

上個世紀的最後一年，機緣巧合下接觸到「瀕死體驗」這個冷門議題，開啟我對靈性議題的關注，並且開始做臺灣瀕死體驗者的調查，可想而知沒有任何資料可查，詢問醫界同僚是否遇過即將往生者談到什麼特殊經驗？得到的反應竟然是「很多啊！」、「那你們怎麼都不好奇調查看看呢？」，既然國內沒有資料，我開始查詢國外的研究報告，驚訝發現原來美國維吉尼亞大學、西雅圖華盛頓大學早已研究了幾十年，包括瀕死體驗、臨死影像、前世記憶與印記、輪迴轉世。全美也有許多瀕死體驗者研究會，接著兩年我飛到夏威夷和西雅圖參加全美瀕死體驗研究會，跟這個領域的世界權威醫師及研究者請教。瀕死體驗者告訴我：「發生車禍時，你們醫師為什麼只救車輛（身體），不救司機（靈魂）？」他說的真對啊！急診室的醫師只關心呼吸、心跳、電解質、血氧、電腦斷層，從來都不去「問問」司機怎麼想？司機再來往哪裡去？

　　從此，我對身心靈開始有不同的體會，治療上我不會再拘泥於表面的疾病和症狀，反而會觀察個案生活中的人事物，為何這些事件發生在個案身上，是個性人格使然？是命運不好？甚至是「靈魂的缺陷」？「因果律」？

　　現今社會不管你有沒有宗教信仰，或是死硬派懷疑論者，大概不會有人否認除了軀體以外，人體還有「某種東西」在運作，看不到摸不著，但又沒人說的清楚，你可以用能量體（團）、高靈、主公、靈魂、背後靈，甚至某種類似電腦軟體來形容，那個「某種東西」可能主宰每一個人，讓你與眾不同，讓你成為唯一的自我，這麼重要的東西，我們卻連命名都充滿了爭議，更不用說研究清楚。

　　李嗣涔教授早期開創性的研究還被學術界譏笑是「科學乩童」，幾年前的功能性磁振造影實驗，發現功能人高橋舞天眼屏幕打開時，預設模式網絡又稱心靈之眼的後扣帶迴皮質是異常巨大的，以五十倍於一般認知歷程的神經活性幅度被活化（見本書第七章之「預設模式網路可能是冥陽兩界的樞紐介面」）。而本書作者認為：

　　　　預設模式網路，尤其是其「後成分」，極可能是物理世界的腦與靈體（腦），或腦與靈界間的一個關鍵性樞紐與渠道，串連物理腦與靈界之間的訊息傳輸，從而影響個體的整體心識。

　　如果大腦是硬體，心智和意識是軟體，問題是軟體怎麼灌入硬體，中間的機制是否如我們熟悉的電腦作業系統？記得在雲端科技

未問世前，我曾經把生命中最高主宰（上帝、神明、不管怎麼稱呼祂）比喻為超級電腦（當時並沒有「雲端」這個名詞），而每個生物（動植物）都是一台筆記型電腦，差別只是高低階功能不同，人類自然屬於最高等級的筆電，如果你有一組雲端的密碼，自然能進入雲端「調閱」資料，如果你的權限夠高，還可以調閱別人的資料，這就是所謂的「通靈」。

想想自己二十年前的舉例說明還被訕笑「頭殼壞去」，不免讓我想起不過百年前提出無線電波的人差點被關進精神病院，現在你如果說無線電波不存在，一定被當成精神有問題吧！坊間不缺關於靈療的書籍，然而裝神弄鬼、繪聲繪影佔多數，不然就是強調因緣果報、宗教信仰、勸人為善，很少有人敢以學術研究的視角與方法，探討這個從宗教和科學角度幾乎是禁忌的領域，尤其出自一位備受尊崇，可說是一手打造臺灣的功能性腦影像學的專家，以嚴謹的態度努力想說明意識與人腦的關係，大家就不能等閒視之！

阿爾伯特・愛因斯坦（Albert Einstein, 1879-1955）曾說：「科學的盡頭是神學。」事實上，我們並不確切了解科學的盡頭在哪裡，但很清楚科學不能解釋所有現象，看不見測不到不代表不存在。J老師的靈療讓我們看到現象，卻無法提出合理具體的唯物論科學的解釋，也許那就是愛因斯坦以及許多大科學家晚年都投入神學的真正意義，人類之於宇宙的渺小是我們無法想像的！大科學家艾薩克・牛頓（Isaac Newton, 1643-1727）形容自己：「就如同是一個在真理之海前的沙灘上，玩著沙子的幼兒一般。」由此可知，目

前科學的視野只及於沙灘的一小部份，而真理之海卻向無限遠處延伸的。

本書的付梓，是謝仁俊教授多年的默默耕耘與無比勇氣凝集的結晶，內心感佩之餘，還是有那麼些許擔憂，就像瀕死體驗之父雷蒙・穆迪（Raymond Moody, 1944-）於1975年出版《死後的世界》（*Life After Life*；中文版由林宏濤譯，2012年商周出版）的時候，臨終關懷之母伊麗莎白・庫伯勒羅斯（Elisabeth Kübler-Ross, 1926-2004）告訴他：「你將面臨的批評將是排山倒海，心理必須有所準備。」

我很確信作者早已準備好了，J老師相信當然也是。除了再次佩服他們的勇氣外，更慶幸每個時代總有一群最勇敢的戰士，不畏艱難地挑戰科學的新疆界。

自序

# 笛卡爾劇院的真相

*要想了解一個新的領域，就去開一門這個領域的課程。*
*要想深入一個新的領域，就寫一本關於那個領域的書。*

—約翰‧惠勒（John A. Wheeler, 1911-2008）

　　生命的意義究竟是什麼？我是誰？我從哪裡來？我往何處去？我又為何而來？腦是意識的主體嗎？意識（心）與腦（物）是一元還是二元？意識可以離開腦與身體而單獨存在嗎？靈魂存在嗎？多重人格究竟是什麼？靈附的現象是真實的嗎？死亡是生命的結束嗎？輪迴存在嗎？因果業障或靈附，會是疾病的一個原因嗎？現代醫學發現了所有疾病的病因了嗎？經由宗教性或非宗教性的靈性療癒，最終能得到醫治與康復，只是心理效應嗎？人類的歷史與各個宗教經典中都有記載著強大靈療能力的人與事蹟（如耶穌等），是真實的還是神話？……這些問題中，有諸多的大哉問，是人類自有文字以來千年難解之題，而傳統的心靈哲學與宗教學、新穎的神經哲學、突飛猛進的當代腦與心智科學，此刻對於人的「平常的意

識」與「變異的意識」又瞭解了什麼？

這些環繞著「靈魂」的諸多疑問與課題，對於信奉唯物論的科學家與醫學家們，是不願意去面對與碰觸的，或者不知如何研究，甚至成為禁忌而避之唯恐不及。也申請不到研究經費，因為這些議題的論述，長期以來被視為偽科學或邊緣科學，相關的實驗數據及研究論述的水準，難以被現代主流科學所認定。更困難的情況是，即令很嚴謹地遵循現代科學典範的研究，也難以被具有學術代表性的科學與醫學期刊所接受發表，因為審稿學者與期刊的思維，基本上是受到唯物論學術體制所制約的刻板心態。此外，能夠以現代跨領域的科學視野來討論及研究的開放平台，目前基本上還沒有。研究者經常受到嘲諷、奚落、鄙視，甚至遭受學術性或人身性的攻擊，命運幾可預期。

十七世紀時，法國理性主義科學家與哲學家賀內‧笛卡爾（René Descartes, 1596-1650）曾經提出心身二元模式，認為意識需要一個非物質的靈魂，透過大腦的松果體與身體相互作用。但是，這個心身二元理論，被唯物論所主導的現代腦神經科學所排斥與揚棄，近代美國哲學與認知科學家丹尼爾‧丹尼特（Daniel Dennett, 1942-）甚至提出「笛卡爾劇院中之小小人」，來嘲弄笛卡爾的論述。因此，笛卡爾模式被戲謔為在大腦中有個小劇院，劇院內有個「小小人（靈魂）」在觀察每個特定時間，所有來自有形身體所投射在劇院銀幕上的感官數據，最後由「小小人」做出決定，並發出執行命令。

二十世紀唯物主義意識理論的指標性科學家，同時也是發現DNA雙螺旋結構的兩位諾貝爾獎得主之一的法蘭西斯·克里克（Francis Crick, 1916-2004），在他的「驚異的假說」中提出：「你」、你的「一切心智運作與意識現象」、你的「自由意志」與所謂的「靈魂」，都只不過是腦袋中，無數神經元與分子組合活動的結果。這個假說影響所及，並且落實於神經科學的研究，就是以操作型的科學方法，來探索意識的神經相關腦波頻率的功能（如腦部的伽瑪波），以及尋找意識的神經相關基質（如腦部的帶狀核及其特別的巨大神經元）。雖然對這個「驚異的假說」，持異議者眾，但是唯物論腦神經科學思維，則是主導了目前腦與心智科學的研究與各家學說。另一位影響神經科學發展至鉅的大師，也是諾貝爾獎得主之艾力克·肯德爾（Eric Kandel, 1929-），一生致力於建立人類心智運作的神經生物學基礎，尤其是有關學習與記憶的神經生理學。神經科學家一貫的精神與信念，基本上都是排除形上學的因素，而以唯物的態度及化約的實作，來研究並看待生物與心靈現象。

　　然而，科學哲學家李·麥金太爾（Lee McIntyre, 1962-）特別提醒大家：一個好的與正確的科學態度是，不會以一時沒有正面證據，或沒有現行的科學方法來證明某個理論是為真，就直接斷定該理論為偽。因為從知識論的角度，除了數理邏輯外，我們均無法達到百分之百確定的知識。有些科學理論或許一時無法被驗證，但基於可信與確鑿的證據，仍然可以被認為是正當的／正確的，而有理由相信其真實性；另一方面，則依據實證的新證據，從「不知道

所不知道的」到「知道所不知道的」，而願意改變所信奉的現有理論。天文物理學家馬丁·里斯（Martin Rees, 1942-）及卡爾·賽根（Carl Sagen, 1934-1996）曾言：「缺乏證據不可當做不存在的證據」。能夠不帶預設立場，以開放的心胸，去嚴謹地觀察及研究真實存在的現象，這應是科學自身與科學家，超越知識障的基本精神，尤其是對才剛開始萌芽並專注探討腦、意識與靈性的「心靈神經科學」。

想要突破目前科學唯物論的腦神經科學，真正進入到人類意識與靈性的高度，就必須從觀察受試者腦神經元活性為主的「第三人稱腦神經科學」，轉化為以個體主訴意識經驗的現象性內涵及其當下個人腦部神經活動，兩者並重的「第一人稱腦神經科學」。基本上，就是深入到個人密契或神秘經驗的神經現象學的研究態度與方式。神經現象學是一種結合現象學與腦神經科學，以務實的方式探討，並解決意識難題的科學研究思路，強調在結合具身體現的主觀意識經驗與客觀的腦神經科學的基礎上，進行對人類心靈、經驗和意識的研究。古老東方的禪定，如今能成為現代心靈神經科學中的一項腦科學實證的顯學，正是由於一群心胸開放的腦與心智科學家，以「圈內人」的身份，多年來或終其一生的親身禪定經驗，同時以「圈外人」科學家的客觀態度與方法學，進行嚴謹的實證研究，經數十年的努力所建立的一個新領域而引領國際風潮。

本書探討靈魂與靈附的真實性，並以現代腦科學的系統知識來加以詮釋與討論。我從腦科學、心智科學、醫學科學、臨床醫學、

心理學、物理科學、心靈哲學及神經哲學等多元角度，以神經現象學的精神與態度，除了近身觀察不可思議的「J氏靈療」之外，更深度面談有靈附現象的人，也進行相關的功能性腦神經造影研究。最終效法「美國心理學之父」威廉·詹姆斯（William James, 1842-1910）寫《宗教經驗之種種》（*The Varieties of Religious Experience*）的精神，嘗試論述有關靈附現象、附靈示現、個體意識受附靈侵軋的意識變異狀態、及被靈附者腦部可能的功能性神經表徵。

公開發表本書，顯然冒了個人極大的學術風險，然而科學是求真求實的實踐，能夠為真實立下見證，我並不擔心，但是要面對未來可預期排山倒海的毀譽風暴，確實需要勇氣。笛卡爾劇院中的「主人」小小人（靈魂）是存在的，而在某些特殊情況下，能短暫或長期劫奪笛卡爾劇院的「外來」小小人（附靈）也是存在的，並且可以不只一位。我於書中提出一些個人的想法、推測與陳述，雖是以管窺天、以蠡測海，但仍希望能透過這些努力，試圖去闡釋大自然中不可思議、卻是確鑿的意識輪迴的真實現象。本書不以宗教信仰的角度來討論，因為因果律是大自然一切生命與心靈進化的基本法則，無分宗教。生命的進化，是有規範的。設若丹尼爾·丹尼特、法蘭西斯·克里克與艾力克·肯德爾有機會親見「J氏靈療」的案例，個案所展現的靈附現象，以及歎為觀止的療癒處理，相信這三位心靈哲學、生命科學及神經科學領域的大師，會修正他們之前所主張的唯物論與無神論意識理論與假說，重新建構一個更宏大完整的「萬有理論」。

聖奧古斯丁（Saint Augustine of Hippo, 354-430）的名言：「奇蹟的發生並不違反大自然，而是違反我們對大自然僅知的那一部分。」，更貼切的啟示應該是：「奇蹟的發生並不違反大自然，而是遵循更高的宇宙法則」。大自然一直在示現給人類不同文明階段之當下科技所無法解釋的現象，繼續帶動人類文明科技的發展與精神心靈的進化。更在在提醒我們，要以敬畏與謙恭的態度來看待生命及宇宙，人類的知識與文明，在後人工智能的時代，才會出現量子跳躍式的進步。對多重宇宙的認知，我們必須以更開放的心胸，來認真地理解。「我們的心就像降落傘，只有打開才能發揮作用！」

# 目 錄

第 一 章

# 緣起

1992年我去瑞典卡羅林斯卡學院（Karolinska Institute；諾貝爾生理醫學獎之評審及頒獎機構）攻讀臨床神經科學博士之前，我是臺北榮民總醫院麻醉部之麻醉專科醫師，是國內第一位發展神經麻醉次專科的人，專長於全身麻醉無意識狀態下神經外科手術中之腦功能區定位，監測及維護病人的中樞神經系統，讓病人得以安全接受腦與脊髓相關的重大手術，包括：腦部手術、頭頸部血管手術、低溫體外循環心臟手術、脊柱側彎手術等。目前除了在學校教書外，臨床上則是部分時間專司疼痛控制的專科醫師，消除病人所遭受的噬人心靈的急慢性疼痛。

　　學術上，我是臺灣第一位專攻功能性神經造影、人腦科學與臨床神經科學的跨領域博士，也是國際華人世界裡第一個從事以功能性神經造影的技術研究人腦功能、論文發表及獲得博士學位的人。我當時的研究，主攻癢[1]及疼痛的人腦機制、臨床急慢性疼痛[2,3]與頭痛[4]的腦部神經可塑性，以及直接電刺激人腦運動皮質以治療三叉神經病變導致的神經性疼痛[5]的人腦神經機轉。

1. Hsieh, J. C., et al. (1994). Urge to scratch represented in the human cerebral cortex during itch. *Journal of Neurophysiology,* 72(6), 3004-3008.
2. Hsieh, J. C., et al. (1995). Central representation of chronic ongoing neuropathic pain studied by positron emission tomography. *Pain,* 63(2), 225-236.
3. Hsieh, J. C., et al. (1996). Traumatic nociceptive pain activates the hypothalamus and the periaqueductal gray: A positron emission tomography study. *Pain,* 64(2), 303-314.
4. Hsieh, J. C., et al. (1996). Right-lateralised central processing for pain of nitroglycerin-induced cluster headache. *Pain,* 67(1), 59-68.

　　1995年底從瑞典回國後，在臺北榮民總醫院歷任院長、各部科長官，以及陽明大學歷任校長的大力支持與賦予重任下，花了數年的心力，從零開始戮力建立臺北榮民總醫院與陽明大學的腦科學研究團隊。首先在臺北榮民總醫院教學研究部建立了臺北榮民總醫院整合性腦功能研究小組，建置各種腦造影高科技儀器、規劃與執行研究計畫及訓練人才，同時任教於陽明大學之神經科學研究所，之後並創立了陽明大學之腦科學研究所，凝聚及培養跨領域師資並培育人才，也參與國內大學中之第一個腦科學研究中心的建立，與推動跨領域的整合研究。陽明大學與交通大學，於2021年合校成為新的陽明交通大學。我的博士畢業生與博士後學生，多位榮獲科技部傑出研究獎、吳大猷年輕學者獎、十大傑出女青年、國家新創獎及其他國內外重要科研獎項，如今許多位都已是國內大學裡相關科系所的教授與醫學中心的部科主任。

　　因此，我的另一個更專業的學術身份，是人腦科學的資深科學家，研究範疇是人類的心智功能、意識、臨床腦疾病與神經可塑性，是疼痛腦科學的專家，同時也從事藝術與腦的研究探索。二十多年來，我的團隊成員與指導過的博碩士畢業學生及博士後學生的專業背景，橫跨了神經內外科醫學、精神醫學、復健醫學、職能治療、小兒醫學、婦科醫學、耳鼻喉科醫學、眼科醫學、

5.Hsieh, J. C., et al. (1999). PET study on central processing of pain in trigeminal neuropathy. *European Journal of Pain*, 3(1), 51-65.

牙醫學、腸胃醫學、傳統醫學、神經放射醫學、認知神經科學、生命科學、心理學、數學、物理學、哲學、藝術、宗教、音樂治療、資訊工程、電機工程、生物醫學工程、腦機介面、神經資訊與人工智能等。

　　以我個人實證的臨床醫學科學實務，以及腦與心智科學堅實的學術背景，照理說，應是難以接受意識能存在腦袋之外，以及生命輪迴的論述。但是，跨領域的科研經驗與臨床實務，加上粗淺的禪修體悟，以及親睹許多不可思議的超自然現象，讓我能夠同時以多元角度及對大自然充滿謙敬的心，來看待人類的意識與心智的展現。對於科學規範中之「主流科學」、「邊緣科學」、「原科學」、「偽科學」與「迷信」[6, 7]，個人嚴守其間分際，並奉行主流科學的紀律，但卻與一般篤信唯物論與自然主義的科學思維與學者，有不同的認知[8]。

　　諾貝爾物理學獎得主羅傑‧彭羅斯（Roger Penrose, 1931-）依照對所觀察現象的解釋程度與預測準確度，將科學理論分成三

6.McIntyre, L. (2019). *The scientific attitude: Defending science from denial, fraud, and pseudoscience.* MIT Press. 《科學態度：對抗陰謀論、欺詐，並與偽科學劃清界線的科學素養》。王惟芬譯。2021年國立陽明交通大學出版社出版。

7.Mousseau, M.-C. (2003). Parapsychology: Science or pseudo-science. *Journal of Scientific Exploration*, 17(2), 271-282.

8.Nagel, T. (2012). *Mind and cosmos: Why the materialist neo-Darwinian conception of nature is almost certainly false.* Oxford University Press.

類：一流的、有用的及試探性的[9]。「一流的」理論，對觀察到
的現象，在一定範圍內能提出極佳的解釋和預測準確性；「有用
的」理論對所觀察到的現象不一定有完美的準確性，但是在一定
範圍內能解釋多數現象，並且有實驗的佐證；「試探性」的理論
則具有原創的理念和假說，但尚未有具體的實驗方法和可觀察的
實質證據來證明。

　　依據實驗證據的證成條件要求，不同領域的知識體系可被分
為「科學的」：如自然科學、生命科學、醫學、部分有實驗及
證據的社會科學，「不是科學的」：如非實證的數學與邏輯、哲
學、藝術、文學、社會學，與「非科學的」：如宗教、信仰[6]。然
而，腦與心智神經科學非常快速且廣泛地進入非自然與生命科學
的人文與社會學領域，開啟了各項全新的科研課題，如：神經經
濟學、神經市場學、神經宗教學／神經神學、神經哲學、神經美
學、神經人類學、神經政治學、神經法學及神經犯罪學、社會神
經科學及教育神經科學等等，幾乎沒有一個領域不見其涉入。因
此，對知識領域的劃界，傳統分類已經不再適切，必須重新檢視
及思考。

　　科學哲學家李・麥金太爾（Lee McIntyre, 1962-）於《科學

---

9.Penrose, R. (1989). *The emperor's new mind: Concerning computers, minds, and the laws of physics*. Oxford University Press.

態度：對抗陰謀論、欺詐，並與偽科學劃清界線的科學素養》（*The Scientific Attitude: Defending Science from Denial, Fraud, and Pseudoscience*）一書中特別提醒，一個好的與正確的科學態度是：一方面，不會以一時沒有正面證據來證明某個理論是為真，就直接斷定該理論為偽，這樣可能落於過度草率，因為從知識論的角度，除了數理邏輯外，我們均無法達到百分之百確定的知識。有些科學理論或許一時無法被驗證（validated），但基於可信與確鑿的證據，仍然可以被認為是正當的／正確的（vindicated），有理由相信其真實性；另一方面，則能依據實證的新證據，願意改變所信奉的現有理論[6]。這樣的開放態度，在腦科學、心智科學與心靈神經科學突飛猛進的此刻，尤其重要。

## 手指識字的腦血流超音波
## 與腦磁波檢測

### 經頭顱都卜勒腦血流超音波檢測

1997年，臺灣大學電機系李嗣涔教授（後來曾擔任臺灣大學校長）帶著一位具有「手指識字特異功能」的小女孩高橋舞，到臺北榮民總醫院神經醫學中心做雙盲的實驗。測試材料由當時在場的二十幾位來自不同科別之主任、主治醫師及幾位住院醫師們，於現場另一個房間內製備並摺疊數層後，再以膠布封在不透光之黑色塑膠相片膠卷盒裡。高橋舞再將手置於裝著膠卷盒的黑色絨布袋裡，嘗試讀出膠捲盒內密封摺疊紙片上的字或圖案。結果，所有的手指識字與圖的測試完全正確無誤。我當時躬逢其

會，而我們整合性腦功能研究小組腦造影實驗室的各項貴重高科技儀器，還在積極建置中，當時高磁場磁振造影儀正在架設中，腦磁波儀還在規劃中，因此未能有機會進行研究。

　　當時的神經醫學中心腦血管科胡主任與陳主治醫師，使用那時很新穎的經頭顱都卜勒腦血流超音波，幫高橋舞做腦血流檢查。發現當高橋舞其心像中「天眼腦屏幕」出現，而「看」到被遮蔽的實物其部分或全部的訊息時，當下後大腦動脈（灌注血流至視覺皮質區）的血流會瞬間大幅降低，之後再彈回[10]。大家對這個現象固然震驚，只是醫學界並不重視，讚嘆之餘，卻也私底下在問一個問題：「能夠用眼睛看，為何要費力去用手指看？」。

　　科學家畢竟與臨床醫師的關注不同，李嗣涔教授數十年來以其不變的赤子之心，與科學家追求真相與真理的堅持，一路以這位高橋舞為媒介而深入研究，開啟了不可思議的訊（信）息場種種奇幻現象的系列科學實證。雖然僅是基於個位數功能人的研究，無法如主流醫學以第三人稱的定量科學方式，收集大量樣本，並經統計學的模式分析建立客觀的信效度（註：特異功能人士本來就是鳳毛麟角），卻以披荊斬棘先驅者的勇氣，將訊息場的種種，從被人嘲笑、諷刺、批判的偽科學及邊緣科學，逐步推

---

10.李嗣涔（2018）。*靈界的科學：李嗣涔博士25年科學實證，以複數時空、量子心靈模型，帶你認識真實宇宙*。三采文化出版。

進成為具有嚴謹科學實證的論述。2018年，他將數十年自己對「訊息場的科學」的整體發現，雀躍地改名為「靈界的科學」[10]，來全面認證與傳達靈界的存在。

當時的神經醫學與神經科學的知識，都無法解釋或詮釋經頭顱都卜勒腦血流超音波檢查發現的意義。直到數年後，自己的人腦科學研究涵蓋了相當廣泛的領域，再加上人腦科學的知識與理論的飛躍成長，我才領悟到箇中的可能機制。要了解大腦真正的奧秘，不是只看腦部哪些區域或神經網路與功能性聯結被活化，更要看哪些區域或神經網路與功能性聯結被抑制。這點，在各種先天性及後天性學者症候群的許多案例中，可以得到很多啟發。學者症候群是一種罕見的疾病，患有嚴重心智障礙的人，但某些認知能力遠遠超過健康人的平均水準（見第六章）。

### 手指識字的腦磁波檢測

整合性腦功能研究小組花了近三年的努力籌備，於2000年底裝置好全頭型腦磁波儀，並開始運作研究腦磁圖。此儀器具有高密度306個偵測頻道，造價非常昂貴，是當時全臺灣唯一的一部。腦磁圖的檢查，是完全無侵入性、無傷害性的腦神經動力學（腦波）研究，主要是量測腦波磁場的變化，以了解在不同狀態下的人腦神經活性。檢查必須在特殊屏蔽的房間內進行，因為腦磁波非常微弱，且腦磁波儀對環境中的電磁波與震動非常敏感，若無特殊的屏蔽設施，即便遠在臺北榮民總醫院數百公尺外石牌捷運

站電車的進出，腦磁波儀都能偵測到電磁訊號，而受到干擾，遑論腦磁波室附近電梯的升降與汽車的進出，與周圍環伺的數部磁振造影儀。臺北榮民總醫院建置腦磁波儀及總體人腦科學的研究規劃，當時還得到李登輝總統與時任行政院院長蕭萬長的支持，1998年，李登輝總統還特地親自前來臺北榮民總醫院參觀，並聆聽我們報告關於人腦科學的總體研究計畫，與高科技軟硬體的規劃。

　　2002年，李嗣涔教授帶著回國度假短時間停留的高橋舞，來整合性腦功能研究小組進行手指識字的腦磁波檢測，整個檢測是在雙盲的設計下進行。第一次的腦磁波檢測進行得並不順利，高橋舞自述，開天眼時常常看到有動物的爪子來騷擾天眼屏幕，因此檢測無法進行。第二次的腦磁波檢測，李嗣涔教授邀請了一位年輕的來自大陸的道家朋友「坐鎮」保護高橋舞避免受干擾。令人訝異的是，第二次的手指識字進行很順利，當下的行為測試，一樣驚人的正確無誤。可惜當時未有明確的腦科學理論，再加上高橋舞必須口述她何時出現天眼屏幕，及看到什麼的行為紀錄，以作為腦磁波神經動力學的模式分析之時間基準點，因此檢測過程中有許多無法避免的頭部位移，及講話時的動作與肌電波的雜訊，導致頭部精準對位及分析的困難，使得檢測數據最後無法使用。

　　受限於當時的腦磁波分析技術，無法精準有效地對微弱的腦

磁波做單次試驗分析，只有透過大腦圓球模式的單偶極子分析技術，來解析多次試驗平均後的腦部神經活動來源所在，難以偵測即時的腦部反應。彼時，全腦腦源造影建模的技術尚未出現，無法解析及確認李嗣涔教授所期待看到的宏觀量子現象電磁場的改變。但是如李教授之前就已發現到的，每次天眼屏幕出現時，在高橋舞的右手掌穴道上，必會伴隨20-60毫伏（mV）的脈衝電壓改變。這個電生理紀錄值，遠遠超過人類大腦頭皮能被記錄到自發電流活動的脈衝電壓反應幅度（微伏〔μV〕）。

當天眼屏幕出現前與發生時之剎那，大腦的神經活動是何樣態？哪些神經網路與腦區參與了整個特殊心像的經驗？大腦如何能發出這大於一般人體生物電流的手部脈衝？是從哪一個腦區產生？這些問題都懸而未解，直到最近我才稍有概念。

高橋舞做完兩次的腦磁波檢測後，也就回美國去了，之後我們也不曾再進行任何類似的檢測。但我也應李嗣涔教授之邀，參加了幾次他在台大的實驗，也認識了物理學院士陳教授，他參與了李嗣涔教授與高橋舞重要的「探訪神靈信息網站與網址」與「水晶氣場」的發現與研究[10]，我也有幸在現場見證了幾次不可思議的經歷。

## 五個意識體的示現

同樣是2002年，李嗣涔教授不久即邀請國內某大醫療財團法

人的相關生物科技公司董事長楊博士，一起前來我們腦磁波室，針對楊博士的一項發現，進行腦磁波檢測。楊博士第一次來我們單位，相談甚歡，不過他說，我們腦磁波室的無形空間中有很多的靈。面對楊博士之言，我當時笑笑，因為臺北榮民總醫院如同其他醫學中心，本身就有不少靈異傳奇，何況我們做的研究與人類意識與心靈有關。其實，後來亦曾經有另一位具神通力的佛教居士，經由院內同仁的引介來參加意識穿透的腦磁波檢測，也說有一位穿著白色實驗衣自稱李卓浩博士的靈，在觀察我們做腦科學研究。這位神通人士，曾經有一隻養育多年的小狗跑出家門外，被路過的不明人士抱走。其以自己的意念遠端觀入小狗的意識，透過小狗眼中所經所見的路徑與場景訊息，在狗狗所在附近區域出高價懸賞，沒幾天就將小狗給找了回來。

這種「靈視」、「他心通」或「念動力」等特異能力，由於當代魔術中亦常有令人驚艷神奇的各種讀心術、念力及隔空移物的表演，例如臺灣的國際知名魔術師劉謙，曾於2011年再現五十多年未被破解的「巴格勒斯效應」（Berglas effect）魔術，因此特異功能常被認為並非真實存在，只是一種魔術與幻術而已。國際上質疑特異功能真實性的最著名事蹟，應屬美國專門打假的職業魔術師詹姆士・蘭迪（James Randi, 1928-2020）對轟動國際的以色列特異功能人兼魔術師尤里・蓋勒（Uri Geller）的挑戰。

不久之後，楊博士帶著兩位部屬及一位小學女老師來做腦磁

波檢測，中間的細節在此略過。結果這位女老師在腦磁波檢測一開始不久，就立即輪流出現五種不一樣的人格身份，其中包括了一位自稱蟳母娘娘、一位講日文的日本老兵、一位講古老河洛（閩南）話的男性老菸槍。這位女老師並無多重人格疾患病史，且她對檢測中所發生的過程全無記憶。

這次的腦磁波檢測基本上是失敗的，因為受試者呈現的多個不同人格身份，一直在講話，且身體不停移動，頭部也部分移出量測線圈頭罩之外，306頻道的全頭型腦磁波紀錄無法有正確基準的腦部對位，且充滿雜訊，甚是可惜。但是，連續出現五種獨立人格的狀況，對2002年當時的精神醫學與腦神經科學的知識體系，則是一道巨大的難題；對2022年的現在，困難依舊。當時與楊博士之間的許多形上學的討論內容，此刻記憶猶新。

但是，一個普通健康人為何會瞬間出現解離現象，並接續出現多個獨立的人格身份？這些多重人格身份，我暫且用多重「意識體」或「靈魂」來稱呼。這個當時不解的多重「意識體」，與本書第二章中所討論的「靈附、附體或附身」現象有關。

## 各路特異人士相繼參與腦科學研究

已故的崔玖教授是醫學界老前輩，長年由西方醫學轉投入替代醫學領域，非常熱心。2002年，經她引介不少號稱具有各種特異治療能力或特異功能人士來參加腦磁波檢測；也有間接知悉我

們單位的通靈名人，毛遂自薦前來參加「通靈」的功能性磁振造影檢測；也有具意念神通的佛教人士來參與「意識穿越」的腦磁波檢測；也有當今某大宗派禪師來參與「遠距靈力加持」的腦電圖檢測；更有精通氣功與巫術國家級研究機構的科學家研究員，來參加「以意使氣」的功能性磁振造影檢測。也因此我們進入了超心理學的研究領域，但是因為沒有任何相關的腦造影科學文獻與先例，一切都在摸索中前進。

我們依據不同課題性質，分別做了腦磁波、腦電波與功能性磁振造影的檢測，但都以純粹科學觀察與學術研究為由，委婉要求每位參加者，不對外談論所參加檢測及任何相關細節與腦造影的研究發現，因為單純從事學術及臨床研究的我們，不想被有心人士濫用而莫名背書，衍生出不可預料的問題，何況其中有些來參加的人是怪異已極之招搖撞騙的神棍，或者自身帶有「靈附」問題之人士（見第二章之「靈附現象的定義與意涵」），我們遭遇過非常多。

這類超心理研究的許多個別條件無法掌控，每個人的現象不同，研究過程與檢測數據無法達到嚴謹科學方法與科學典範的要求（很多變項難以控制），只能進行觀察性研究。所以都對參加者清楚說明，各項腦造影檢測僅是定位於腦部神經活動的現象觀察，不做過度解讀，也不會公開，因此請參加者不對外宣講該項研究。只是事與願違，有些所謂通靈名人未能遵守承諾而對外宣

講，所以2003年底，我決定不再進行特異功能或特異現象的研究，僅專注臨床神經科學、認知神經科學與神經資訊學等正規學術領域的研究，此後將近十八年的時間，我也絕口不提這些早期的研究與初步發現。

不過，卻由於此因緣，經由崔玖教授與神經醫學專家陳醫師的共同引介，認識了不可思議的J老師。

## 驚鴻一瞥J老師不可思議的能力

### 超心理學現象與來自非物理世界的聲音

2002年，基於腦與心智科學的興趣，我應李嗣涔教授之邀，參加了他在台大校園所辦的開發小孩手指識字，及耳朵聽字的特異功能實驗與課程，從旁觀察與學習，當時J老師也應邀在場。我參加的那次潛能開發班中，有幾位是第一次參加的小孩，當場被開發出手指識字的功能，對於密封的文字與圖形的回答正確無誤。

只見J老師從很遠的對桌走過去整排的小孩中，右手在其中一位出功能的小孩頭上揮一揮，立即笑說該童有一位「靈」告訴他答案。該小孩終於囁囁地說，的確是有一個「聲音」在他的腦海裡講話，告訴他答案。當時的我，既無法從腦神經科學的知識，來解釋李校長所研究的手指識字與耳朵聽字的超心理驚人現象，

更完全無法了解J老師，其不可思議之心靈力量的展現。這是我第一次親身經歷，見識到J老師的能力。

小孩子為何能正確無誤地「看出」或「聽出」被密封的文字與圖形？究竟小孩子所聽到的非物理世界的聲音是什麼？在場的很多學者專家及醫師們（包括我自己）都未能聽到，究竟是何種意識體所發出的訊息？如何進入小孩的腦子裡？為何J老師能夠清楚地斷定出來？J老師如何得知講話內容？是什麼機轉？

### 植物人的反應

2002同年，神經外科加護病房裡的一位女童來接受腦磁波檢查，小女童因腦炎而不幸成為不可逆的腦病變，且最終變成植物人。我邀請J老師一起參與這項檢查，腦磁波的檢查結果一如預期的嚴重。奇特的是，小孩渙散的眼神與毫無規則的眼球游動，竟在J老師的徒手掃描之下產生了變化，雙眼會隨著J老師的手之移動而凝聚，並出現短暫的共軛移動，小女童放大的瞳孔，瞬間不再是深邃幽黑的無底空洞。當時J老師告訴我，小女童的靈魂大部分已不在了，不禁讓我想到道教的「三魂七魄」之說。

植物人的意識是否尚存，這個臨床的重大問題，直到意識腦科學家安卓恩・歐文（Adrian Owen, 1966-）及其研究團隊，於2010年的《新英格蘭醫學期刊》（*New England Journal of Medicine*）上，發表震驚全球的針對五十四位被診斷為植物人狀

態或最小意識狀態的嚴重意識障礙病人，利用功能性磁振造影技術所做的第一篇系統性研究報告後，才確定所謂「臨床所判定的植物人」，其中約有一成的患者還保有部分意識，甚至有完整意識，且能透過功能性磁振造影的技術來溝通[11]。這五十四名患者中，有五名植物人狀態的病人，能夠隨其意志來自主調節他們的大腦活動。這五名病患中的三名患者，床邊測試顯示出具有覺知意識的跡象，但另外兩名患者中，無法以臨床評估的方法檢測到自主意志性的行為。這五名病患，能依指令，自主性地運用不同運動想像作業，來活化不同腦區活性，其中一位能夠經由功能性磁振造影，對需要回覆的問題，透過不同運動想像作業以活化不同的腦區，來回答決斷性的「是」或「否」，並與研究者進行有意義的簡單對談。安卓恩‧歐文後來將其一生對意識障礙病人的研究，寫成一本書《困在大腦裡的人》（Into the Gray Zone）發表[12]。

臺北醫學大學的藍亭教授（Timothy Lane）於2015年開始在臺灣重複上述安卓恩‧歐文2010年論文中的研究，並於2019年提出臺灣本土的臨床及腦造影研究結果報告，再次證實安卓恩‧歐文其劃世紀的研究發現。

11.Monti, M. M., et al. (2010). Willful modulation of brain activity in disorders of consciousness. *New England Journal of Medicine*, 362(7), 579-589.

12.Owen, A. (2017). *Into the gray zone: A neuroscientist explores the border between life and death*. Simon and Schuster. 《困在大腦裡的人》。王念慈譯。2018年采實文化出版。

## 驚人的療癒能力

　　關於人腦與意識的問題，一直是我關注與研究的課題。近年來因緣際會，我有機會再度在J老師的義診時間，親自在現場觀看其療癒個案的過程，才知道我當年目睹J老師不可思議的能力，其實只是其能量的極些微展現而已。

　　2019年，家姊夫婦及幾位朋友一行兩部車，去探訪友人後從宜蘭回來，家姊乘坐第二部車後座左邊的座位。回程途中，被一輛闖紅燈的汽車從左側攔腰高速直接撞上，正中家姊坐側車身鋼骨，當場頓時昏厥。前面第一部車的友人急忙掉頭回來照應，家姊甦醒後對當下整個車禍過程完全失憶，只見身上血跡斑斑，但不知發生何事。回台北後立即到醫院做檢查，發現右胸肋骨斷兩根、左胸肋骨斷三根、外部顏面及肢體輕傷，所幸未有氣胸，且腦部無礙。將近三個多星期胸部持續劇烈疼痛，任何動作都會牽動疼痛部位，甚至呼吸困難，只能既短又淺，且雙臂無法舉起。由於疼痛難當，行住坐臥都困難，只要稍微轉換姿勢就會痛，每天失眠。實在不忍，所以我請J老師幫忙，但並未詳細說明家姊身體受傷的細節。見面寒暄幾句後，在未告訴J老師她哪裡受傷哪處最痛之詳細病情下，雖然比較嚴重的是斷三根肋骨的左胸，只見J老師，直接從家姊自覺最痛的右胸斷兩根肋骨處先行靈療。不一會，家姊說有一股清涼感，從右胸治療處開始擴散進入整個右胸，並流向中間胸口，疼痛瞬間明顯減緩，呼吸也能大且深，頓

時展開笑顏。同時大片清涼感，繼續擴散流入左胸。繼而J老師轉去治療左胸肋骨斷處，家姊呼吸即能深且順暢。半小時不到，她竟能雙手高舉過頭，貼著雙耳以大「V」字型向上敞開，呼吸舒暢，整個疼痛減輕超過五成。

隔天告訴我，昨晚是她自車禍事故發生後三個多星期以來，第一次能夠成眠，而且一覺到天明，不曾痛醒。這是家姊第一次見識到J老師的不可思議療癒力量。幾個月之後，我邀請J老師再度參加一項腦磁波的臨床檢查，經過不斷地反覆分析確認數據後，這次讓我們對J老師的療癒能力有了更清楚而明確的認識，結果令人驚訝不已（詳見本書第七章中之「J氏靈療的腦科學驗證」）。

2022年，最近的一個頑固型慢性疼痛的療癒案例，更是讓我瞠目結舌，只能以讚嘆來表達。這是一位中年女性，十年前從台北回台南老家過年，媽媽請她騎摩托車去買瓶醬油，不料與一部汽車相撞，造成頸部重傷以致四肢癱瘓，雖然從鬼門關被救回來，從此人生則完全變調。她全身肢體的感覺功能，在接受神經外科手術後緩慢回復到正常。由於主要傷及脊髓的運動神經部位，因此在運動功能的回復上很有限，她的兩側上肢雖然目前可以稍微抬舉，但無法拮抗地心引力，手部運動機能仍然未見恢復，兩側下肢則是一直處於癱瘓狀態。十年來病人無時無刻不遭受強烈的上下肢與軀體的酸麻刺痛，疼痛指數都在9-10分之極度

疼痛範圍（滿分10分：所能想像之最劇烈的疼痛），病人描述全身如遭榔頭重擊般的痛苦。她每次都從台南坐輪椅，由看護陪同上來台北接受J老師的療癒。第一次來接受療癒時，回去後疼痛狀況幾乎完全改善，疼痛指數降為1分（極輕微），不再感到痛苦。之後，再接受兩次療癒，繼而酸麻刺痛感立即完全消失。病人前些日接受第四次的療癒，急切地主動跟我分享她的不可思議進展。同時，她的左大腿開始可以用一點力稍微舉起左腳，並當場示範給我看。她說，來接受J老師的療癒前，這些都是不可能的事。

　　我的門診有幾位因為脊髓損傷後經年為慢性疼痛所苦的病人，他們所呈現的各種型態的疼痛，都很難透過現行的疼痛醫療技術，而得到持久有效的控制與緩解。面對這位女士所經歷的奇蹟式療效，我的臨床經驗與腦神經科學的知識，完全無法解釋。本書中，將J老師的療癒方式稱為「J氏靈療」或是「J氏靈體療癒」，以別於其他的宗教與民間的靈療或能量醫學。

# 第 二 章

# 靈附——醫學科學的疆界

老天藉由不同狀況病人的示現，教導我身腦心靈與其形上學的緊密關係，讓我了解心與意識的本體，不能在有形的肉體與腦袋中尋覓。數年來，我以腦與心智科學家，及醫師科學家的三重角色，現場近身觀察了 J 氏靈療的諸多案例，與靈療過程所示現的各種不可思議現象。同時也在自己的疼痛門診中，仔細問診與深入觀察其他類似的患者，並印證一些初步的想法和假設。多年來的深入觀察與逐步的驗證，完全逆轉了我原先在醫學與科學的訓練與認知，而重新領會宇宙及大自然的奧秘。疾病確然有非物理性的、形上學的問題，而關於這點卻是現代醫學所疏忽、不了解、甚至排斥的重要部分。

## 難解的臨床個案

　　我的病人之中有位壯年男性病人，罹患嚴重的纖維肌痛症與慢性疲勞症候群（又稱為肌痛性腦脊髓炎），疑似合併身體症狀障礙症。全身上下都碰不得，全身到處只要一輕觸，就會引發不可名狀的劇烈疼痛與不適，甚至包括輕輕碰觸頭髮都會如同遭到極刑般。患者一直在服用多種強力且高劑量之抗癲癇藥、嗎啡類止痛藥及抗憂鬱的藥物，但基本上都沒有太大效用。站也不是，坐也不是，躺也不是，更無法睡覺，疲憊不堪，整個人被折磨得不成人形。奇特的是，每當全球各地有大地震當天事發前，他腦袋裡就會灌滿地殼震動與摩擦的腦鳴巨響，同時全身大痛。研究特異功能的學者專家或許會認為，這是屬於特異功能中的「體感功能」現象。但是真實的情況並非如此，他有許多特殊的經歷，是神經精神醫學的知識所難以解釋的異常現象。

　　多年前我參加一個雲南大學的超心理學會議，認識了一位能於一星期左右先預知全世界各地5-6級以上地震的人物。每當地震預兆出來，這位特異功能人士會看到其他人所看不到的天空顏色，而分辨地震將會發生在地球的哪個區域，同時心像屏幕就會出現即將發生地震的時間（約一星期內）、震度與震央的完整資訊，再與全球經緯度的軟體對應，就可得出一組震央的經緯度數字。2021年6月11日凌晨這位朋友發了微信給我，請我注意6月11-14日間花蓮附近將有大於6級左右的地震，結果當天花蓮地區發生三次芮氏規模5左右的有感地震，中央氣象局分別在下午13:12、15:33與15:36測得芮氏規模5.1、5.3及4.9的有感地震。12日清晨5:58台東地區發生芮氏規模5.3有感地震。7月13日凌晨1:55再次傳了微信給我，告知臺灣花蓮近海於7月13-16日間可能有6級左右地震發生，結果隔天7月14日臺灣花蓮地區清晨6:52發生芮氏規模5.4的有感地震、最大震度5級；早上7:45及8:11接連兩震，為芮氏規模5.1及4.2、最大震度4級；11:36又測得芮氏規模4.6、最大震度4級的地震。8月5日宜蘭外海的芮氏規模5.3地震，也是於8月3日就先預告我。這位朋友的地震預測，通常震度預測值會比實際略高而有些誤差，但地震發生時間與地點經緯是相對準的，很不可思議。因為迄今人類的地震科技，都無法於數日前預測地震的發生時間、強度、與地點。

　　這兩個案例顯示，能感應及預知大自然的劇烈變化，確有其人其事。然而，這些超心理的身體感應能力與心像預知能力，如何而來？或從何得來？

另有一位罹患嚴重纖維肌痛症與慢性疲勞症候群的中年婦女，稍微做一點家務事就極度疲憊與全身劇痛，必須躺個一整天，而自覺像個廢人，天氣一旦變冷下雨，更是完全無法走出家門，因此幾度想自殺。我詳問之下，她才說出自己之前不曾對其他醫師講述的過去。她從小就會看到沒腿的阿飄，曾在高中時有一回去宜蘭同學家，坐在椅子上睡著了，只覺得手臂被人抓住拖著走，驚醒大叫一聲竟看到一個女鬼抓著她的手，嚇得她用力掙扎抽回，只覺得整隻手冰冷難當，然後女鬼就迅速消失了。病人之前一直不敢對醫生述說這種離奇的遭遇，因為會被認為有幻聽或幻視，而被當作思覺失調症看待與用藥治療。雖然最後仍然同時在精神科服藥治療分裂情感性障礙症，但整體治療效果不彰，病人最後基本上放棄藥物的治療。

　　在疼痛門診中，分別或同時罹患嚴重型纖維肌痛症與慢性疲勞症候群的病人，並不少見。這兩種疾患，現代醫學對其病因與致病機轉仍然不清楚，有學者認為與粒線體的能量產生、代謝及利用的失常，或粒線體基因的變異有關，很難處理，治療效果有限。這兩種疾病的患者經常看遍中西醫各種專科，遊走於各個醫學中心與醫院，重複尋求可能的明確診斷，與企求有效的治療，甚至嘗試各種民俗療法，非常辛苦。

　　一位中年女性患者，求遍各科醫生來治療其右大腿的一處肌肉疼痛。剛開始觸診時能清楚摸出一大塊硬腫的壓痛帶，雖經長期使用嗎啡及重複局部肌肉注射與局部神經阻斷，腫塊最後可以消除，

但疼痛卻只能控制到一個程度，難以痊癒，且疼痛經常強度反彈。而腦部與下肢磁振造影檢查、肌肉超音波、神經電生理與肌電圖檢查也都正常。難以解釋的是其大腿該處整條大肌肉，只有疼痛之局部病灶處，偶而會出現無法自已的自發性快速跳動。這個案例，臨床上通常是會診斷為局部肌張力障礙或肌躍症。而這位患者，每當我將其疼痛調理控制到一個穩定的輕度疼痛狀態後，經常她就會發生意外事件或其他狀況，讓病情再度變得嚴重。

在我的門診中，有不少罹患慢性疼痛的病人，好不容易病況得到改善，錐心的疼痛得以緩解，病人也因此能夠稍微喘一口氣之後，卻又立即再經歷難以解釋的意外或情況，讓病情加重。這種模式，於病人身上一再出現，背後究竟的原因是什麼？這類臨床上難治型或頑固型的疾病，是否有非物理性的原因，能夠解釋病況？

一位各科醫師都束手無策的中年男性病人，頸部脊柱窄小，曾因為車禍受傷昏迷，同時傷及頸椎，雖然接受頸椎減壓手術，但仍導致頸部脊髓病變，神經內外科及復健科基本上都已無法給予進一步的治療改善。這位病人來我的門診時，已在其他醫學中心同時使用安眠、鎮靜、止痛及各種精神科的藥物，種類之多與劑量之大難以想像。因為長期的劇痛、失眠、無力及身體無法平衡，經常跌倒受傷，整個人已近崩潰。立志當軍人，從小就尚武並訓練自己彪悍的性格，曾因自己手足被人欺負，差一點打死一群人。自認懂事以來一直都是渾渾噩噩，常有求死的念頭及舉動，與一再玩命的行為。曾經經歷六次車禍肇事但都死不成，也曾刻意趁著家中無人時

上吊自殺，沒想到家人竟意外臨時回家及時剪斷繩索被救回，無時無刻不在痛苦中活著。在患者與家人一同實地了解、同意及自願接受之下，請J老師幫忙，嘗試非法定醫療行為的徒手靈療。

這位病人在做了一陣子J老師所教導的懺悔功課後（見本書第三章之「J氏靈療處理靈附與和解因果業障」），在第二次靈療他時，J老師當下告訴他其前世乃驍勇善戰之軍士，武術高強，只見他一手從敵人的後方鎖喉，另一手快速扭斷對方的脖子，見一個殺一個，速度之快就像在摘蘿蔔一般。J老師還特別示範了他前世殺人的動作給他看。病人當場則是驚叫，因為他從小一直到大總是不自主地喜歡做這個動作，還經常刻意練習這種頭頸部相關的搏擊動作。病人之後因諸多緣故，未能繼續J老師教導的懺悔功課，也就中斷靈療。後來有好幾月，天天夜裡一直夢到同一個女人。之後又陸續發生幾次離奇的摩托車車禍，與難以想像、不明原因的撞擊或跌倒。手腳很容易被觸發或不自主的局部痙攣，雙臂與肩膀輪流骨折，左肩肩胛骨打上了鋼釘及鋼板，只是術後一直不順，手術部位疼痛難當，必須再取出鋼釘及鋼板。這位病人各種狀況持續不斷，雖然都沒有危及到生命，但是想要脫離身體的苦難折磨，似乎遙遙無期。

在我的疼痛門診中，有一位大學肄業，罹患解離性身份障礙症，且有四重人格又年輕壯碩的男性患者。因大腿骨手術後，疑似神經受傷病變造成頑固性疼痛，以及另外有長期劇烈的頭痛前來求診。這位年輕的病人，出生後就被安置在育幼院內長大，幼年時曾被領養但被領養家庭虐待，又再被帶回育幼院。國中時曾經因為突

然情緒爆衝幾乎打死同學，被教官給壓制在地，回復後則茫然不知所歷，才被診斷出罹患了解離性身份障礙症。長期以來在某醫學中心的精神科治療。在自身主人格的狀態之下，經常有幻聽與幻視的現象，腦袋裡固定有二至三個人的聲音，會經常看見同一個「人」，即使是現在每天依然都會看到這個「人」，尤其每天清晨醒來時，這個「人」就是站在床邊一直看著他，但是不講話。這個「人」從小學高年級以來，就數次唆使或要帶著他一起跳樓，導致他下肢骨折，及其他許多身體上的傷害，也因此在另一個醫學中心曾被診斷為罹患思覺失調症。

精神醫學中，解離性身份障礙症的每個「次人格」是各自獨立的，「次人格」之間經常會發生時空與記憶截斷現象；而思覺失調症則是只有一個人格，其基本的思考結構及認知發生碎裂與障礙。不過，這位年輕病人在兩個醫學中心的精神科診治，卻分別有兩種不同的診斷，顯見臨床上要確診解離性身份障礙症的不易。病人每天要吃高達四、五十顆所有不同科別所開的多種藥物。大量的服用精神科藥物與止吐藥，也疑似引起錐體外症候群，導致最近病人下肢會突然劇烈、長時間、重複性、大範圍的痙攣及疼痛（屬於肌張力異常），且臉部肌肉表情僵硬、步態不穩而經常摔倒（屬於巴金森氏症候群）。患者身上常有不同的傷痕，我曾幾次問他何故受傷，但他自己卻不知傷從何來。三不五時會出現情緒爆衝與人際衝突，必須經由他人制止才能安靜下來，直至回復主人格，但到底發生何事則全然無記憶，唯有事後透過旁人的說明才知道自己異常的舉止。在醫院門診取藥時，也曾經如此爆發過，而被多位警衛壓制

住。解離性身份障礙症中出現的各個獨立身份人格，究竟是什麼意涵？

　　或許是我從事腦與心智科學的研究之故，經常有一些特殊現象或症狀的病人，來看我的疼痛門診，但卻不是因為疼痛而來，而是因為精神與肉體受到「外靈」的干擾而來尋求協助。這些奇怪的案例持續不斷，若非深入且耗時的問診，很容易錯失這些個案的真實問題，而做出輕率的醫學判定。其中最常見的狀況是，被診斷為思覺失調症或其各種亞型，情感型精神疾病、肌張力障礙、功能性神經系統失調症、人格障礙及各種奇形怪狀的慢性疼痛。碰到這些可能為靈附干擾的疾患，第一步要先做的是排除醫學上可處理的幻覺導因，原則上我都會轉請精神科或神經內科會診，尋求跨科診斷上的協助或排除該科的醫療狀況。由於這些個案中的許多身心與行為表徵，是與臨床神經科與精神科的疾患重疊或類似[1]，也常被診斷為功能性神經系統失調[2]，因此必須先鑑別診斷。只是，功能性神經系統失調疾患，臨床上經常找不到器官性的病源，最後常被醫學界劃歸為心理因素所致。

　　我的門診中，有個案從來不曾看過或讀過艱深的《易經》，卻在一次打坐中經歷了「啟靈」狀態，一股火熱從下腹直往腦門衝

1. Sacks, O. (2012). *Hallucinations. Pan Macmillan.* 《幻覺》。楊玉齡譯。2014年天下文化出版。

2. Bennett, K., et al. (2021). A practical review of functional neurological disorder (FND) for the general physician. *Clinical Medicine,* 21(1), 28-36.

出，之後突然就通了《易經》，且自覺換了一個人似的改變。為了明白究竟，他還去參加了一位紅遍兩岸《易經》大師的課程，只有短短幾天的課程就花了他數十萬元台幣，最終亦未得到答案。接著，他專程掛了我的疼痛門診，並不是因為疼痛問題來尋求治療，而是來詢問我腦科學的解釋。他強烈希望能成為我的腦科學研究對象，因為迫切地想了解為何他會有如此巨大的改變。

有一位國家級研究機構的資深同仁，因為參加了某國際禪修中心的修行營，結果導致心智狀態出現異常，曾經出現「現實感解體」的狀況，心像世界與物理世界分不清楚，也出現幻聽與幻視的症狀。同時，頸部兩側與下巴，出現多塊肌肉群的不自主、不同步、不停地大幅度抽搐與收縮，且伴隨強烈的氣感。當事人會試著打坐導引，若氣感最終能從頸部往頭部或往手部衝出，就能緩解一些不適。雖經某醫學中心的神經內科動作障礙的醫學專家安排，做過腦部磁振造影檢查、正子斷層掃描神經傳導素受體檢查、與神經電生理檢查。基本上排除顳葉癲癇的精神運動性發作，但仍無法確診，只能暫時診斷為「疑似頸部肌張力障礙」並施予藥物治療，但依舊無效。這種狀況持續多年，無法痊癒，這位學者前來掛我的門診，純粹是為了困擾其多年的身心問題，尋求一個腦科學的解答與協助。

問題是，如果臨床的疾病，除了在可處理的醫學因素外，仍有隱身其後的形上學因素，那該當如何？或者更深層的因果業力與靈附的問題才是造成這些表現成醫學疾病的症狀與根本病因，那又該

如何治療？這些醫學所無法充分解釋，也無法處理的案例，那又該如何處理治療？

面對這些特殊的狀況，醫學與科學，經常是束手無策，在最終治療無效及求助無門之下，患者自然會去尋求完全不一樣的治療方式。多重人格及靈附的現象，就是讓人必須深思的兩個精神醫學領域的難解題。

## 多重人格的心靈哲學與精神醫學觀點

「解離性身份障礙症」[3, 4]，或稱解離性身份疾患，舊稱「多重人格症」，是解離症的一種特殊類型，是精神醫學及臨床心理學領域中，最迷人也最難以解答的人格變異問題。從心靈意識哲學的本體論觀點而言，一個身體應該只有一個人格或個體意識，因為個體自我意識是完整唯一且不可分割的。從精神醫學與心理學的觀點，解離性身份障礙症是一個身體內居住著無數的人格身份，思覺失調症是一個身體只有一個人格身份，這是兩者之間的一個不同之處。

### 從心靈哲學看解離性身份障礙症

現代心靈哲學及意識哲學，基於意識的意向性（意謂著：每一個意識與經驗作為都是有意向與指向的，與某一人事物相關）、主

---

3. Spiegel, D., et al. (2013). Dissociative disorders in DSM-5. *Annual Review of Clinical Psychology,* 9, 299-326.

4. Spiegel, D., et al. (2011). Dissociative disorders in DSM-5. *Depression and Anxiety*, 28(12), E17-E45.

觀性、第一人稱的經驗、單一意識的不可分割性、人格與記憶的時空連續性、自由意志及自我意識的覺知性，心靈哲學基本上界定一個身體只能有一個完整意識[5]。而現代精神醫學則沿襲了哲學與心理學的論述內涵，將多重人格界定為單一意識的分裂或解離的狀況來看待，或者籠統的以恍惚狀態（見下文「靈附現象的定義與意涵」），來解釋解離狀態或宗教上的乩童現象。

## 從精神醫學看解離性身份障礙症

根據精神疾病診斷準則手冊第五版的定義[3, 4]：

解離性身份障礙症意謂一個人出現兩個或多個不同性格與身份的分裂狀態，在某些文化中則以附體、附身或靈附經驗來描述之。其中，身份的分裂，呈現明顯的自我感與自我控制感的不連續，且伴隨相關的情感、行為、意識、記憶、知覺、認知、及／或感覺運動功能的改變。這些症狀及特徵可被他人觀察到或由自己所述說出。對日常事件、個人的重要資訊、及／或創傷事件，會一再出現記憶斷層，並且造成臨床上顯著的苦惱，或是在社交、職業或其他重要領域造成功能障礙。這樣的一個狀態並非一般文化與宗教實踐所廣為接受的正常行為，這一狀態也非由物質（如：酒精中毒）所造成的生理反應或其他身體疾病（如：癲癇）所導致。

以上精神疾病診斷準則的定義，都只是當代精神醫學對這類病

---

5. McLaughlin, B., et al. (2009). *The Oxford handbook of philosophy of mind.* Oxford University Press.

患的症狀描述，但是確切病因仍無法界定。解離性身份障礙症盛行率約佔人口中之1~3%，常伴隨有創傷後壓力症候群。一些個案觀察或極小樣本的臨床與心理學研究，認為九成以上的人格分裂誘因，都是童年遭受過精神創傷和凌辱，這是目前精神醫學界普遍接受的解離性身份障礙症「創傷理論」。精神醫學對解離性身份障礙症的主流見解，是病人從小被家暴、性侵或虐待，從而衍生出不同的人格，以壓抑及應付受創傷的心靈與情緒。

**解離性身份障礙症一般來說可能呈現兩種型式[6]：**

## 1. 靈附型：

靈附型解離性身份障礙症所示現的身份，通常表現出他們是外來的主體，是超自然之物或靈魂（但有時是另一個人）。他們控制了這個人，導致個體以不同的方式說話和行動，個體不同身份的變換非常顯著，很容易被他人注意到。在許多國家文化中，類似的靈附狀態若是當地文化或民間習俗所認可的，通常並不會被視為精神疾病。但精神病學中的解離性身份障礙症所出現的靈附現象，身份取代的發生並非個體所願，且非出於個人意志，會導致嚴重的痛苦和傷害。會定期或持續性發生，並且會出現在社會文化或宗教規範所不認可的時間和地點。

---

6. https://www.msdmanuals.com/professional/psychiatric-disorders/dissociative-disorders/dissociative-identity-disorder

## 2. 非靈附型：

非靈附型解離性身份障礙症，臨床表現往往不那麼顯著。患者可能會感覺到其自我或身份意識突然發生變化，雖然或會感覺自己好像是在觀察自己的言語、情緒和行為，但不是以另一個人的身份。許多人併有一再復發性的解離性失憶症。

2019年有一則轟動世界的新聞，是有關澳洲一名女子傑妮‧海因斯（Jeni Haynes）的報導[7]，因為自四歲起她就每日被父親暴力虐待與性侵，直到十六歲都一直求助無門。她為了保護自己而不斷分裂出多達兩千五百種的人格，以因應父親的施暴，每當父親侵犯她時，主體人格就被替換掉。兩千五百種人格，部份只是短暫出現，有些則是形成完全的人格。而當傑妮切換到不同人格時，大腦就會出現不同的腦波。不同人格們甚至會掌控她的感官，當她切換到某一種人格時，就會失去嗅覺，因為那個特定人格嫌惡父親的氣味。這種能封閉掉特定感官功能的人格示現，讓治療她數十年的精神科醫師相當驚訝。

另一位因解離性身份障礙症而揚名的是近代英國畫家金姆‧諾柏爾（Kim Noble），她在年幼時也經歷過嚴重的童年創傷。其最嚴重時曾出現一百個不同人格[8]，且各個人格擁有各自的電子郵件和密碼，互相不知道對方的存在。藝術治療師教她用作畫來穩定人

---

7. https://www.bbc.com/news/world-australia-49589160

8. https://www.theguardian.com/lifeandstyle/2011/sep/30/kim-noble-woman-with-100-personalities

格。雖然無法完全治癒其多重人格問題，但經過長期療程後約只剩下十二個人格，一天之內所出現的人格轉換頻率，也降低至三到四次[9]。不可思議的是這十二個人格之間完全沒有重疊的記憶，每個都是畫家並各自擁有不同的畫風，而且每個都成就不凡，在歐洲許多大大小小的展覽及畫廊中展出，贏得藝術界的讚譽[10]。

臺灣則有精神科名醫文榮光醫師的一位解離性身份障礙症的患者，於2018年出版了一本自傳式的小說《九分之一的我：DID分裂與重生的靈魂解藥》[11]，該書描述了作者本人的解離性身份障礙症人生，希望喚起社會對暴力導致心理創傷的重視。該書作者的解離性身份障礙症問題，與童年遭受過的精神創傷密切相關，常在憂鬱與解離的失控邊緣中掙扎求生。最後在「愛」的療癒中，協調整合九個分裂人格，產生一個有正面智慧的新人格。

解離性身份障礙症的問題，我曾問過多位北中南不同醫學中心精神科的主任與資深醫師朋友，及目前也擔任部門主管、我的精神科醫師博士畢業生們，他們說行醫一生極少或從不曾遇過解離性身份障礙症的患者。精神醫學目前對解離性身份障礙症的看法與論述有諸多歧異，治療上相當困難，且無定論。其中一個治療方法就是利用心理劇，經由心理治療師或醫師的導演，運用替身與角色對換

9. Noble, K. and Hudson, J. (2011). *All of me: My incredible story of how I learned to live with the many personalities sharing my body*. Piatkus.

10. https://www.creativefuture.org.uk/author/kim-noble/

11. 謝雨辰（2018）。*九分之一的我：DID分裂與重生的靈魂解藥*。白象文化出版。

技術，讓患者藉由在不同身份個體間的穿梭轉換，來體會這些多重身份人物彼此間的應對與關聯，從而逐漸整合這些不同的人格。

然而解離性身份障礙症的致病原因之一，有沒有可能是靈附所致？如果根本原因是靈附，則治療的方式是否會截然不同？

## 靈附現象的定義與意涵

靈附的同義詞有附體、附身或憑附，依不同的學術領域、宗教、民間信仰與文化團體的性質，而有不同的說法。精神醫學與心理學則傾向用「附體」或「附身」，來表達一種去神靈化的意識變異狀態，以減少宗教性的聯想。不過本書中，我選擇使用「靈附」，因為易懂也貼切。

### 靈附的定義

在精神病理學中的各種心理現象，有關精神恍惚、解離與靈附等精神狀態及意識變異狀態，長久以來一直是精神醫學臨床醫師、心理學及心智科學學者們所困惑的領域。以韋伯字典（Merriam-Webster's dictionary）為準，這些描繪心靈意識變異狀態的重要詞彙定義如下：

首先，韋伯字典對意識（consciousness）的完整定義是：
1. a.當下覺知的品質或狀態，特別是對自己內在的事物。
   b.對外在物件、情境或是對實際情形的有意識狀態或真實狀況。

c.覺知。

2. 由感覺、情感、意志和思想所特徵化的當下狀態：所謂心靈。

3. 個體意識狀態的總和。

4. 意識生活的正常狀態。

5. 人能覺知到與無意識歷程不同之上層精神生活。

其次，韋伯字典對解離（dissociation）的定義是：

1. 人格的整個部分（如多重人格障礙）或分立的心智歷程（如精神分裂症）與主流意識或主流行為的分離。

然後，韋伯字典對恍惚（trance）的定義是：

1. 一種類睡眠狀態（如同深度催眠），常見特徵是伴隨著減少或缺乏感覺與運動活動之部分遲滯或不省人事。

2. 深度出神或全神貫注的狀態。

最後，與本書密切相關的，韋伯字典對靈附（possession）的完整定義則是：

1. 佔有或控制的行為。

2. 被某種東西所宰制（如：邪靈、激情或意念）。

3. 一個正常的人格被另一個人格所替換的心理狀態。

因此，恍惚狀態與靈附狀態基本上是不同的心理狀態與狀況，指謂的意涵亦完全不同。宗教界與臺灣民間信仰常將靈附稱為附

體、附身、附魔、鬼附身，靈附身，卡陰等。不過在精神醫學界、心理學界與人類學界，常將恍惚狀態與靈附狀態兩者混為一談，都將之歸入解離狀態。

## 靈附的意涵

靈附現象從精神醫學及心理學的角度，經常都被認為帶有心理防衛及轉化的成分，這是因為精神醫學習慣以壓力的反應，來解釋身心與行為的交互作用[12]。

靈附，一般被歸納為兩類：「儀式型靈附」及「病態型靈附」[13-17]。「儀式型靈附」指的是制式的附體，常發生在宗教性儀式的主事者，或施行宗教性治療的人身上，在儀式過程中所引發神靈附身的狀態。被附身的人常帶有某些社會性價值，而被眾人崇敬，如乩童經由起乩之過程進入某種狂喜或恍惚的境界，得在某些自稱神與人之間自由地來去。「病態型靈附」指的是發生在病患身上的一種

12. Stephenson, C. E. (2016). Possession: *Jung's comparative anatomy of the psyche*. Routledge. 《附身：榮格的比較心靈解剖學》。吳菲菲譯。2017年心靈工坊出版。

13. Al-Adawi, S., et al. (2019). Differential executive functioning in the topology of spirit possession or dissociative disorders: An explorative cultural study. *BMC Psychiatry*, 19(1), 379.

14. Al-Adawi, S., et al. (2001). Zar: Group distress and healing. *Mental Health, Religion & Culture*, 4(1), 47-61.

15. Bhavsar, V., et al. (2016). Dissociative trance and spirit possession: Challenges for cultures in transition. *Psychiatry and Clinical Neurosciences*, 70(12), 551-559.

16. Cohen, E. (2008). What is spirit possession? Defining, comparing, and explaining two possession forms. *Ethnos*, 73(1), 101-126.

17. Lewis, I. M. (1971). *Ecstatic religion: An anthropological study of spirit possession and shamanism*. Penguin Books.

非儀式型的，而以精神疾病呈現的病態性附身。

　　若依人格意識改變的程度來認定，則可將靈附再分成四類：「恍惚型靈附」、「附體型靈附」、「執行型靈附」及「致病型靈附」[16]。「恍惚型靈附」之個體會經歷意識狀態的改變或身體的變化，但一般社會並不一定將這種改變的狀態歸因於被靈入侵。「附體型靈附」被附者呈現出一種意識變異的狀態，社會常直接將其歸因於被入侵的靈取代其身份。「執行型靈附」意味外靈已轉化或取代了被附者的身份，佔有期間將他們轉化成不同的自我，可能獲有預示能力，能引領眾人以對抗迫在眉睫的危險。或在治療儀式中，施治者被守護靈（或神靈）附身而以超能力之名施治，為患者找出問題、解釋病因，並給予治療建議及處理，一般來說「薩滿」就是指這一類的靈附。靈媒或通靈者，某種程度也具有療癒的社會功能。最負面的就是第四種的「致病型靈附」，靈附經常導致個體的病態和不幸，求治者或家屬會求助於驅魔的助力尋求解決。靈附不會只限於單一的一種狀態，例如「執行型靈附」與「致病型靈附」可能在不同時間發生在同一個人身上。

## 榮格的靈附觀

　　心理分析大師卡爾・榮格（Carl Jung, 1875-1961）一生深入無（潛）意識的領域，並以他的心理情結理論，來解釋惡魔附身或靈附的現象。榮格將內心世界分為三個層面：（一）表現在外的意識，（二）個人體驗及記憶等所累積之個體無意識，（三）自出生即擁有的普世共通性心理要素與原型的集體無意識。榮格認為每個

人內部的無意識世界，都存在著張力滿滿的本能預置或心靈結構的意象。靈附現象，是自我在與無意識及集體無意識不協調的衝突下，經由角色化或個性化的過程，將之具體形象化，來賦予無意識中不同的情結以明確且富有自主性的他者位格與身份，不論是名號為鬼魂或神靈，這些是內心被困頓情結所攫獲掌控的象徵。

奎格・史蒂芬森（Craig Stephenson, 1955-）在其所著《附身：榮格的比較心靈解剖學》（*Possession: Jung's Comparative Anatomy of the Psyche*）書中指出，榮格並不認為附身或靈附需要假設超自然力量的介入，而是必須與人類精神的共同DNA（所謂「集體無意識」）深入聯結，同時放在文化與社會的歷史脈絡或語境中，與歷史的神話人物表徵，以泛宗教、人類學、哲學及精神醫學的集成方式來詮釋與了解。對靈附現象的心理治療主軸，榮格則環繞著「聖所／圈護」概念下的治療環境與保護意涵，找出無意識情結的意象表徵，並使用角色化與個性化的技巧，來化解與統合在意識及無意識兩者間的衝突與解離，同時也運用藝術的圖像投射於治療中[12]。

生物體在遭遇壓力後能夠鞏固該壓力的情境記憶，對於未來再次發生的威脅能夠即時迅速地產生適當的對應，是對於生存至關重要的一個機制。最近的研究證據，發現表觀遺傳的機制對這種記憶

18. Kim, S. and Kaang, B. K. (2017). Epigenetic regulation and chromatin remodeling in learning and memory. *Experimental and Molecular Medicine*, 49(1), e281.

19. Trollope, A. F., et al. (2017). Molecular and epigenetic mechanisms underlying cognitive and adaptive responses to stress. *Epigenomes*, 1(3), 17.

在中樞腦神經的形成，是關鍵角色；其中，表觀遺傳修飾和染色質重塑會導致基因誘導和記憶鞏固[18, 19]。壓力事件會對仍在子宮內發育中的後代產生影響，且生命早期所改變的表觀遺傳標記，可能會持續到成年。同時，表觀遺傳修飾可以經由生殖細胞的種系達到跨代遺傳，造就了一個血緣相關社群中的個體們，具有同樣的壓力反應行為特質[20, 21]，也因此產生了一個新的跨代表觀遺傳學。這些發現，都是目前新興「經驗的生物性嵌入」的科研課題[22]，或許這是榮格的集體無意識理論一個可能的神經遺傳相關基礎。

榮格的手札《紅書》（Red Book）[23]，基本上是一個自我實驗的紀錄，記載著榮格自己從小以來的夢境、靈魔、幻視、及與自己的無意識深度對話、並追求完整精神的歷程。面對自己內在陰影的深度分析，宛如解剖自我的多重面具人格，找出自我內在的陰影與情結的象徵性表徵，從而建構出所謂的「原型」、「集體無意識」、「共時性」、「心理情結」、「個性化」到「人格面具」等概念，以自我為實驗及分析的對象，並發展出分析心理學的理論與實用治療體系。他並引入許多東方佛教與道教的哲學與心性修行的

20.Dias, B. G., et al. (2015). Epigenetic mechanisms underlying learning and the inheritance of learned behaviors. *Trends in Neurosciences*, 38(2), 96-107.

21.Dias, B. G. and Ressler, K. J. (2014). Parental olfactory experience influences behavior and neural structure in subsequent generations. *Nature Neuroscience*, 17(1), 89-96.

22.Aristizabal, M. J., et al. (2020). Biological embedding of experience: A primer on epigenetics. *Proceedings of the National Academy of Sciences of the United States of America*, 117(38), 23261-23269.

23.Jung, C. G. (2012). *The red book: A reader's edition*. WW Norton & Company. 《紅書（讀者版）》。魯宓、劉宏信譯。2016年心靈工坊出版。

元素，勇敢地向內探索自己及人類內心的三個意識層面[23]。

　　榮格在無意識大海的探索與長征裡，在自己不同階段之夢境、想像或幻覺中，經常與有生命或無生命的人或物對話，並探索其中心像的意涵。其過程與心路，宛如通靈與靈附的意識狀態與意象。他不斷地挖掘無意識的圖像，深化覺知，將無意識的潛在內容整合到意識中以擴展意識的範圍，繼而逐步降低無意識的主宰與影響，最終達到人格的轉變與治療。長期以來，他一直出現惡夢與幻視。他以局內人的方式去擁抱與體驗這些經驗的同時，又以科學家第三者局外人的客觀角度來審視這些主觀經驗與每個元素，不管其中內容是如何的荒謬。再以類似無意識自動書寫及自動繪畫的方式，將這些提取的元素圖像化（如：曼荼羅），並與之對話，而得到心靈的平靜與解脫。深度地檢視榮格的人生歷程後會注意到，榮格所建立的學理與心理分析治療技術，是他對自己的心靈解剖，是在追尋與昇華自己的靈魂，同時療癒自己。他將許多自己的幻覺，跟周圍世界的事件與人生遭遇做共時性的聯結，認為是人類集體無意識的共同體現，而成為未來的預示或看見未來。榮格的種種心靈現象與經歷，與靈附及通靈現象有著諸多的相似與重疊，只是精神醫學與心理學專家在討論他的學理時，用的是「去神靈化」與「去宗教化」的心理分析學派語言，但是一樣充滿神祕（密契）主義的色彩。

24. Zumstein-Preiswerk, S. (1975). C. G. *Jungs medium: Die geschichte d. Helly Preiswer.* Kindler.

不禁思考：難道，榮格自己也有靈附嗎？榮格自己也通靈嗎？值得一提，榮格的博士論文，是以有靈附現象的靈媒表妹海倫‧普瑞斯維克（Helene Preiswerk）及其招魂術為研究對象與題材[24]。

## J 氏靈療的靈附觀點

對靈附現象，根據近四十年的靈療經驗，J老師認為：

　　靈附，是一個超自然的概念，意謂人的軀體或器官組織的局部或全部，被超自然的異己靈魂（或稱靈體，包括人或非人的靈魂）所依附，導致暫時性、或長久性、甚至一輩子的干擾現象。靈附現象雖然是跨文化跨種族的普世性存在，但其表現會有文化制約的因素，會因文化差異而呈現出稍微不同的詮釋。東西方的社會與文化對於靈附現象的詮釋會稍微有所差異，但靈附現象的內容與形式則並無不同。西方社會因為基督宗教教義之故，對於附身之外靈常以邪靈或惡靈看待而急欲驅除，東方社會則多以冤親債主的因果業障角度看待而重視和解與超度。

　　附靈絕對不是善與惡的二分法所能簡單加以區分、界定並驅趕的。因果律是大自然自無始以來宇宙運行的不變法則，綿延繫縛而不斷，且條條分明。直接關係的因果業障，固然是靈附常見的原因，但是因果業障是廣義的，因心念不正而感召靈附，也另有因果。除了意念、言語與行為的造作所產生的因果之外，當為不為，而造成直接或間接的傷害，我不殺伯仁，伯仁因我而死，也有因果。

　　靈附可能干擾人的本靈甚或取代本靈，並影響被附體者的身

心靈正常運作，造成被附體者表現出一些異於其平日自我，或違背一般常態的人格、思想、言行及舉止，有時會伴隨怪異的意念、認知、情緒、生活表現、表情、聲音或肢體動作，有的甚至會開始出現靈異體質。有的外靈會隱藏，不一定會表現出明顯的異常，因此有時候一時之間不易被察覺，需假以時日，親近的親友才能慢慢覺察到異狀。附靈的種類，包括：祖靈、冤親債主的靈、遊魂、地縛靈、魔界的靈、動物靈、植物靈、昆蟲靈、外太空非地球的靈與其他等等。真正高次元（維度）的靈性意識體不會也不需要依附在低次元的人身上辦事。附靈有的可以隨時來去，有的則是依附人身很久，甚至太久而忘卻來時路，反困在求治者體內而無法離去，兩造皆苦。

有些學者認為靈附現象係個人遭遇壓力缺乏恰當管道疏解時，企圖藉由附身之自我防衛手段以達到治療自身的觀點。在過去的經驗中，常見的倒是個人遭遇重大打擊、壓力、或困境時，自己缺乏克服問題的能力，又無恰當疏解或協助的管道時，在求救無門之下會企求或渴望上帝或神佛菩薩無形的力量來協助或保佑，有時也會希望自己能擁有超能力來解決問題（例如突然失去一位至親或摯愛，而急切想與其跨界溝通），因而有的會引來外靈附身，也有因此而成為通靈人或乩童。民間的乩童現象大多屬於儀式型靈附，但民間並不認為其中的外靈是惡靈，反而相信他們是神佛菩薩的代言角色。有一些案例是非意願性的，有些被附身者並不願意做乩身，不但自己的身體失去掌控力，影響個人的正常生活作息，人也不舒服，其中也有被靈脅迫必須替附身靈辦事的情形。更有些人是被刻意教導訓練出來的，通常被教導附身者本身的體質多屬陰虛，且求治者自己也願意被訓練成附身辦事的乩身。

靈附現象是一種特殊的心理現象，需以跨領域的綜合眼光去探討與瞭解。前述靈附的釋義，是人類學與宗教學領域的學者們對靈附的一般看法。而榮格的靈附觀，是架構在自我心靈情結的結構與脈絡中來詮釋。但是面對我所親歷的無數J氏靈療的個案，都很難套用，因為他們都未曾親見J氏靈療許多令人歎為觀止的實例，與展現出來的現象與實相。

第 三 章

## 不可思議的J氏靈療

靈療（spiritual healing）或靈異療癒（paranormal healing），
根據丹尼爾・貝諾（Daniel Benor, 1941-）博士所下的定義[1]：

靈療是一個或多個人的有系統的、有目的之干預，經由集中
的意念、手部接觸或傳遞，而不借助傳統的能量、機械或化學的
介入措施，來幫助另一個生命體（人、動物、植物或其他生命系
統），以改善他們的狀況。

靈療不論在宗教或非宗教的領域中都被廣泛應用，在東西方的
系統醫學發展之前，靈療即已存在，可算是人類最古老的醫療方
式。最早的靈療有巫術與薩滿，而現代靈療則如雨後春筍般在世界
各地蓬勃發展，類型非常多，包括：氣功、按手／覆手、能量療
癒、宗教療癒等等[1,2]。每一種療法都有其發展的背景，並有其各自
的儀式及詮釋。許多療法均藉由按手或靈氣的方式；而能量療癒中
之遠距療癒則透過靜坐冥想、祈禱或其他形式來操作[3]。

基督教福音書中充滿了耶穌徒手靈療的故事，有些現代基督教
會聲稱追隨耶穌的行止也進行靈療。西方基督教會的靈療，認為其
療癒能量是來自上帝或聖靈[4]。華人文化的靈療則與民俗醫療緊密

1. Benor, D. J. (2002). Spiritual healing, in *Handbook of complementary and alternative therapies in mental health*, Shannon, S., Editor. Elsevier. 249-268.

2. McClenon, J. (1997). Spiritual healing and folklore research: Evaluating the hypnosis/placebo theory. *Alternative Therapies in Health and Medicine*, 3(1), 61-66.

3. Benor, D. J. (2000). Distant healing. *Subtle Energies & Energy Medicine Journal Archives*, 11(3), 249-264.

4. LeShan, L. L. (1980). *Clairvoyant reality: Towards a general theory of the paranormal*. Turnstone Press.

結合，民眾尋求正統醫學以外之民俗療法非常普遍，尤其是找乩童問事、醫病、祭解、改運、收驚，或找特異功能人士、氣功師、道士、法師、跳大神的與通靈人的協助[5, 6]。

科學界長期以來對於各種靈療類型與其個別效益的意見不一，大部分視之為偽科學[7, 8]。但是有極少數的腦科學研究者，開始探討宗教信仰與靈療的功能性神經表徵與神經機轉（請見第七章）。

## 因果業力與輪迴的紀實與實證

在我親見J老師的無數徒手靈療案例中所示現的累世業力因果糾纏，盡是人我之間的人性基本問題，條條都是因果，絲毫不爽。有關因果律與輪迴轉世的說法與事蹟，普遍存在於許多宗教的原始信仰、教義、經典與文獻之中。相關紀錄垂手可得而有其普世性，特別在東方的宗教系統中，如印度教、佛教、道教。任意Google一下，就能找到提供相關資訊的無數宗教團體、研究機構與專家學者，以及海量的可考與不可考的資訊。

---

5. 張珣（2009）。改框或改信？民俗宗教醫療的療效機制。*台灣宗教研究*，8（2），1-26。

6. 張珣（2011）。醫病也醫命：民俗宗教的醫療行為及其概念。*臺灣文獻*，1，97-125。

7. Benor, D. J. (2001). *Spiritual healing: Scientific validation of a healing revolution (Healing research, Volume I)*. Vision Publications.

8. Solfvin, J. (2004). Spiritual healing: Scientific validation of a healing revolution. *The Journal of Parapsychology,* 68(1), 169-174.

YouTube上也有許多當代可考的東西方事蹟與案例，其中一個很有名的案例就是2004年美國廣播公司新聞所報導的一位美國兒童詹姆斯・萊寧格（James Leininger），是二戰太平洋戰區被日軍擊落而陣亡的海軍飛行員詹姆斯・休士頓（James Houston Jr.）的轉世故事。他的父母根據小孩不可思議的成長經歷，寫了一本動人的書《靈魂倖存者：第二次世界大戰戰鬥機飛行員的轉世故事》（*Soul Survivor: The Reincarnation of a World War II Fighter Pilot*）[9]。

　　輪迴轉世的問題，在基督宗教之宗教學者與教會團體之間存在不同的見解，個人於此不做深入的文獻回顧與討論。以下我們看幾則比較有系統與說服力的現代醫學研究、大規模的近代社會紀實，還有臺灣發生過的一件不可思議的案例。另外，也看一則一百多年前，聞名美國的案例。

### 精神醫學前世催眠的研究

　　美國精神科醫師布萊恩・魏斯（Brian Weiss, 1944-），他以回溯催眠的方式挖掘出病人前世過去的癥結而治癒病人著稱。從數千個研究個案中，他相信輪迴、累世、進化及靈魂不滅。魏斯擔任過耶魯大學精神科主治醫師、邁阿密大學精神藥物研究部主任及西奈山醫學中心精神科主任。最有名的系列著作之一是1988年所發表的書《前世今生：生命輪迴的啟示》（*Many Lives, Many Masters*），

9. Leininger, A. and Leininger, B. (2009). *Soul Survivor: The reincarnation of a World War II fighter pilot*. Hay House.

轟動全球[10]。在那之後，臺灣也跟著流行前世催眠，國內目前也有多位精神科醫師及心理治療師從事前世催眠的工作。2005年我曾經嘗試過台北一位極負盛名的開業精神科醫師的前世催眠，收費很高，當年一次催眠的收費是約六千元，只是該醫師怎麼催眠我都無效，反映了我是屬於催眠易感性較低的人。

必須謹慎的是，我們的大腦是會自動計算幫我們補足一些神經訊息，然後造就我們一個不實在的知覺，也就是錯覺。人類的腦袋是會根據置入的暗示而自行編造故事的，搞笑諾貝爾獎於2014年所頒獎的一個腦科學研究非常值得我們留意深思，這篇科學研究論文的題目是：〈在吐司裡看見耶穌：臉孔錯視的相關性神經和行為組態〉（Seeing Jesus in Toast: Neural and Behavioral Correlates of Face Pareidolia）[11]。搞笑諾貝爾獎顧名思義是諾貝爾獎的搞笑版，於每年10月初頒發，大約與諾貝爾獎得主名單宣布時間相近，主要表彰「乍看之下令人發笑，之後卻發人深省」的研究。這是一個探討「臉孔錯視」現象，也就是對不存在的臉孔產生視覺的錯覺之腦神經學理機轉的研究。受試者在實驗中實際所看到的是一系列純雜訊的圖像，但被引導相信在每次的實驗中所看到的圖片，有50%含有臉孔或字母的影像。結果臉孔的實驗平均出現34%的錯覺次數，

10.Weiss, B. L. (2012). *Many lives, many masters: The true story of a prominent psychiatrist, his young patient, and the past-life therapy that changed both their lives. Simon and Schuster.* 《前世今生：生命輪迴的啟示》。譚智華譯。2011年光明日報出版社出版。

11.Liu, J., et al. (2014). Seeing Jesus in toast: Neural and behavioral correlates of face pareidolia. *Cortex*, 53, 60-77.

字母的實驗出現38%的錯覺次數。同時，功能性磁振造影實驗則顯示只有當受試者錯覺地看到臉孔時，右側梭狀迴顏面區域才會激發特定的反應，這意謂梭狀迴顏面區域不僅在處理真實臉孔中有其特異化的功能，在臉孔錯覺的產生中也會發揮特殊作用。人臉處理受到很強的自上而下之調控，即使是最輕微的暗示，也可以導致梭狀迴顏面區域的活化而造成臉孔的錯覺。

這個研究很嚴肅地點出，若接受了強力的引導或暗示，而且深信一個根本不存在之意象必然會出現或存在時，就會發生在吐司上看見耶穌示現的錯覺現象而信以為真或當作神蹟。或許是為了達到感受與體驗的效果，在催眠過程中或有太多想像場景的引導與暗示的介入，有些催眠師置入的故事誘導性太強，而顯得造作的意圖與創造出來的成分居多，也因此對目前市面上的前世催眠療癒所呈現故事的真實性，可能必須有所保留，尤其使用催眠來詮釋因果與業障。我的病人常會問我，是否可以嘗試使用催眠，來了解他們飽受各類疼痛長期折磨的宿因，我總是如此回覆。

## 維吉尼亞大學的輪迴轉世研究

2017年，我們幾位朋友曾經一起專程拜訪著名的美國維吉尼亞大學小兒精神科醫師吉姆・塔克（Jim Tucker, 1960-）教授及其輪迴轉世的研究團隊，這是國際上極其有名且有權威性的學術團隊。塔克教授曾經發表一系列轟動國際的書籍，如臺灣有翻譯出版的《驚人的孩童前世記憶：我還記得「那個我」？精神醫學家見證生死轉換的超真實兒童檔案》（*Return to Life: Extraordinary Cases of*

*Children Who Remember Past Lives*）[12]。塔克教授的團隊傳承其老師伊恩・史蒂文森（Ian Stevenson, 1918-2007）教授暨醫師的精神與宗旨[13]，對橫跨東西方國家各地數千例有前世記憶的兒童，做系統性的追蹤研究，確認了許多不可思議的轉世證據[12, 14-17]。其中一項重要結論就是：前世身體受創導致的殘疾或傷痕，會在轉世時，再度成為今生肉體的先天缺損或印記[15, 18]。該團隊也曾經針對前述美國兒童詹姆斯・萊寧格的案例，發表了一個詳細的研究報告[19]。

　　該團隊的研究一再指出，生命意識，在過去、現在、未來三時中是永遠存在的。意識或靈魂本體是不死的，只是不斷累世轉化或進化。

---

12. Tucker, J. B. (2013). Return to life: *Extraordinary cases of children who remember past lives*. St. Martin's Press. 《驚人的孩童前世記憶：我還記得「那個我」？精神醫學家見證生死轉換的超真實兒童檔案》。張瓅文譯。2014年大寫出版。

13. Stevenson, I. (2006). Half a career with the paranormal. *Journal of Scientific Exploration*, 20(1), 13-21.

14. de Moraes, L. J., et al. (2021). Academic studies on claimed past-life memories: A scoping review. *Explore*, doi: 10.1016/j.explore.2021.1005.1006

15. Keil, H. H. J. and Tucker, J. B. (2005). Children who claim to remember previous lives: Cases with written records made before the previous personality was identified. *Journal of Scientific Exploration*, 19(1), 91-101.

16. Thomas, N. (2006). Life before life: A scientific investigation of children's memories of previous lives. *Philosophical Practice*, 2(2), 131-134.

17. Tucker, J. B. (2008). Children's reports of past-life memories: A review. *Explore*, 4(4), 244-248.

18. Pasricha, S. K., et al. (2005). Some bodily malformations attributed to previous lives. *Journal of Scientific Exploration*, 19(3), 359-383.

19. Tucker, J. B. (2016). The case of James Leininger: An American case of the reincarnation type. *Explore*, 12(3), 200-207.

## 中國侗族坪陽再生人村的百人案例

　　李常珍於2016年，深入中國湖南和廣西交界的侗族居住區，並詳實考察後，寫出一本驚人的紀實報告書[20]。其書中記載坪陽及周邊幾十個侗族山寨的100名再生人實際採訪記錄，並有訪談的錄影帶。特別值得一提的是，報告中有許多的個案身上都帶有胎記或出生時的缺陷，均與其前世所受傷害的部位一致，而與維吉尼亞大學團隊的研究結論更是相互呼應。

## 臺灣的朱秀華借屍還魂事件

　　臺灣最有名的輪迴案例，當屬1959年朱秀華借屍還魂於吳林罔腰之身體的靈異事蹟[21]。借屍還魂，是「換靈」的一種類型，是整個身體原來的意識主體人格完全死去消失，換成另一個意識靈魂人格，成為原來身體的擁有者及使用者。據載，朱秀華於1958年罹難，慘遭漁民殺人劫財，1959年藉吳林罔腰斷氣後的肉身還陽。吳林罔腰從一個原本不識字的中年婦女，忽然變成一個能讀能寫的少女，且講話口音從原先的「海口腔」變成了「廈門腔」，自稱名叫朱秀華，並非吳林罔腰。此後也一直以朱秀華的意識身份（靈魂）生活，直到2018年過世[22]。其事蹟還曾經於1981年被拍成電影《借屍還魂》而轟動一時。

20.李常珍（2018）。*坪陽再生人：中國侗族100個轉世投胎案例實訪記錄*。稻田出版。
21.https://zh.wikipedia.org/wiki/朱秀華事件
22.https://www.ettoday.net/news/20180609/1187671.htm

　　J老師的案例中，有許多業障附靈是以共生的方式，從求治者很小甚至出生不久的時候就附上了，以至於附靈認為這個求治者的身體也是他（她）的，而求治者也會困擾於經常自我矛盾或反覆無常，甚至自己會違拗自己的意念，去做不想做的事情。

　　最近有一位心臟內科醫師，因身體多處疼痛與不適前來求助，靈療時處於很深的第四種「附靈入侵下之意識變異狀態」（詳見第五章），自我意識完全清楚，對自己身體的感覺完全存在（即擁有身體所有權），但是完全無法控制身體（即失去自主權）。附靈示現當下出現許多包括動物靈、人靈翩然舞起高難度的曼妙舞姿與出現不同腔調及語音（所謂外國語音症候群）、講出不曾學過也不曾聽過的異地語言之後，才發現前世的業障，從她一出生就已附體於其身上。附靈自訴從當事人出生後不久即附上她至今，當事人非常驚駭，竟然她的身體內住了另一個靈魂，也才突然明白到她日常生活諸多困擾的現象，原來是因為附靈的介入與干擾，例如：求治者明明已經吃得很飽，不想再吃任何東西，但是卻另有一個強烈的驅力，令她身不由己地再大吃一頓。對自己許多長久以來自我矛盾行為的不解，在附靈自訴原來是附靈自身想再吃或想做之後，才豁然明白。

　　這位醫師自訴從小就能看見非物理世界的「人」，但一直認為別人也可以看見而習以為常，更不知道這些「人」是非物理世界的意識體。直到高中時曾因為生病到醫院就醫，才駭然發現別人根本看不到她所看到的。

## 美國的瓦茨卡奇異事件

「美國心理學之父」威廉・詹姆斯（William James, 1842-1910）在他1890年所發表的巨著《心理學原理》（*The Principles of Psychology*）[23]一書中，特別提到一個被靈附及出現多重人格的案例。主角羅蘭西・維南（Lurancy Vennum）於1864年出生於美國伊利諾伊州瓦茨卡附近。十三歲時，她開始發作一連串疑似癲癇的症狀，發作時經常昏迷不醒。甦醒後，她告訴家人去過天堂，見過天使，還看見了早逝的弟弟妹妹。

1878年，溫徹斯特・史蒂文斯醫師（Winchester Stevens）開始長期觀察及研究羅蘭西・維南，並於1887年出版《瓦茨卡奇異事件：瑪麗・羅蘭西・維南驚人現象個案的真實故事》（*The Watseka Wonder: A Narrative of Startling Phenomena Occurring in the Case of Mary Lurancy Vennum*）[24]一書，詳盡記錄著羅蘭西・維南的種種意識變異現象與細節。羅蘭西・維南也因為這本書之故，成為美國文獻中第一個被詳細記載的靈附案例。羅蘭西・維南經常會示現不同的人格身份，能講出幾個已經死去多時卻不可能知道的人名，而這些亡靈會附身於她的身體。後來，羅蘭西・維南同意讓一位已過世多年的瑪麗・羅夫（Mary Roff）的靈魂，長期附身約十五週，一起共用一個身體。在此附身期間，羅蘭西・維南可以認出瑪麗・羅夫的所有朋友和親戚，熟悉羅夫家中的所有物品，並且可以講述瑪

23.James, W. (1890). *The principles of psychology*. Henry Holt and Company.

24.Stevens, E. W. (1887). *The Watseka wonder: A narrative of startling phenomena occurring in the case of Mary Lurancy Vennum*. Religio-philisophical Publishing House.

麗‧羅夫的生前事件和事蹟，並經羅夫家族認證無誤。只是，在以瑪麗‧羅夫的人格身份示現並且生活的期間，羅蘭西‧維南的意識及人格則是消失不見（詳見第五章的「附靈入侵下之五種意識變異狀態」）。十五週之後，於預告的時間，瑪麗‧羅夫的靈魂離去，同時回復羅蘭西‧維南本人的意識與人格身份。

以現代醫學的觀點，羅蘭西‧維南可能會被診斷為罹患解離性人格障礙症、顳葉癲癇，或者容易接受暗示與自我催眠。然而，羅蘭西‧維南的靈附案例所引發的正反見解與評論，百多年來迄今仍然爭議不斷。

## J氏靈療處理靈附與和解因果業障

### 天賦異稟的徒手靈療

「J氏靈療」純粹是徒手且隔空遠距的遙治靈療[3]，無任何儀式，也不經由任何藥物與外力，更無催眠與暗示，也不碰觸病人，一切以其自己的能量徒手隔空療癒求治者。她以其天賦異稟的能力，處理無數求治者的各樣問題，但基本的必要條件是：求治者必須真心懺悔，並實踐懺悔的功課。

徒手靈療，只是J老師度眾的一種方便行事，直接用意念處理或遙治亦可，曾經遙治遠在德國、奧地利、美國、香港及中國大陸等地的患者。徒手靈療出現在許多不同宗教的經典之中，聖經裡耶穌也曾示現徒手處理靈附問題。以國內醫療管理法規的意涵而言，J老師、耶穌及聖徒的徒手靈療皆是屬於「未使用儀器，未交付或使用

藥品，或未有侵入性，而以傳統習用方式，對人體疾病所為之處置行為」，並非一般「法定醫療行為與民俗調理」的界定，只能以類宗教或信仰屬性的處置來看待，但J老師的靈療並無特定宗教色彩，並曾多次與國內外醫學單位合作醫學實驗。

天主教對傳道人或教徒的「封聖」，必須要有至少出現兩次被證實的神蹟（通常是無法治癒的疾病得以康復的醫療奇蹟），這是在被封聖者超群德行之外的必要條件。然而「大隱隱於市，小隱隱於朝」，J老師示現平凡身，行菩薩道而不求聞達，從不現身媒體，也不接受採訪。三十多年來默默在願力下，完全義診不收費，以其不可思議的靈療能力，徒手處理難以計數的困難病症，經常日夜穿梭在各大醫院，幫助無數受苦的生命。平常則以靈體療癒作為度化眾生的方便法門，許多在醫學中心最終得不到醫治的各類病人，因口耳相傳而前來求助，更有不少醫學中心的醫師在竭盡努力無效之後，會轉介病人來尋求替代醫療的幫助。除了醫治每位求治者身心靈的病痛之外，更苦口婆心地教化每個求治者要藉病修行，實踐真誠拜懺，從內心深切懺悔「有記」（有記憶）、「無記」（無記憶）、已知、未知及無知的累世今生之身口意業，來提升及進化各自心靈的品質。

## 懺悔的功課

懺悔的功課，沒有一絲神秘，也無看不懂的咒語，非常平實，但卻是薈萃東西方古聖先賢教誨的心性修行精華。求治者在拜懺中，每一跪拜，要深剖自心，對今生及累世有記及無記的過錯，皆

行懺悔。懺悔即所謂懺其前愆，悔其後過，《摩訶止觀》中解釋說：「懺名陳露先惡，悔名改往修來」，坦誠過去的罪過，未來決不再犯，所謂不二過。

求治者只有在主動預先做了一些拜懺功課後，J老師才會安排他/她們來靈療。不可思議的是，因求治者人數實在很多，預約排診名冊厚厚數本，但是J老師所挑出優先看診的都是有勤做功課的求治者，而且J老師都不曾與求治者見過面。最近的一個例子，連求治者自己都訝異不已。她們一行三位朋友一起來報名，因為都有靈附而各有不等程度的通靈能力，也都同樣遭受身體的不適。但是報名後只有其中一位立即開始持續做拜懺功課，結果不久J老師只圈請了這位有先做功課的女士來施治，該女士也就逐漸脫離了數十年纏絞的靈附問題，另外兩位只能嘖嘖稱奇繼續等待。

我的一位最近畢業的博士研究生，他的妹妹罹患難治的潰瘍性結腸炎，這是一種終身的發炎性腸道疾病，輾轉於長庚醫院、臺北榮總及馬偕醫院等幾個醫學中心間治療，但是腸道發炎與潰瘍不斷反反覆覆，因而求助於J老師。兄妹倆自己暗自做了實驗，發現只要是誠心老實做拜懺功課的期間，血液中的發炎指數就下降；一旦偷懶沒做，發炎指數就飆升而身體不適，屢試不爽而驚訝不已。

懺悔，是普世性的，無論東西方的宗教，在其教義中都有提到懺悔，更是信徒必要的宗教實踐。在每個我所看過的J氏靈療案例中，只要能老老實實真心懺悔並奉行，都會親證不可思議的力量，個中冷暖如人飲水，點滴自知，也就不在此詳述。

## J氏靈療中的附靈與因果業障的示現

　　我曾經四次廣邀國內跨領域各界精英，包括：醫學界、腦與認知神經科學界、自然科學界、生命科學界、社會科學界、資訊科學界、哲學界、藝術界、法律界、軍警界、宗教界及企業界等之重量級學術領導、意見領袖與各方賢達，來聆聽J老師「靈體療癒」的演講與實例分享，並深入座談。其中有大學校長與副校長、各領域的資深教授、中研院院士、中研院科研單位負責人、自然科學博物館主管、醫學院院長、醫學中心院長、不同臨床部科之主任、醫學會理事長等，都是學術界與醫學界的領袖與菁英。一位教授朋友是南部某大學附設醫學中心的精神部主任，於座談中表示J老師的案例與靈療示現的現象，都不是他所見過及醫療過的精神科病人的問題，無法納入精神科疾病的範疇，也無法以精神醫學的手段處理。

　　數年來，我在J老師處，親見非常多的案例，因各種複雜的疾病如腦瘤、癲癇、思覺失調症、自閉症、腦性麻痺、小兒麻痺、憂鬱症、躁鬱症、恐慌症、漸凍症、癌症、中風、顏面神經麻痺、失眠、各種慢性疼痛與自體免疫疾病等等。看過各種匪夷所思的案例，有些比電影《大法師》（The Exorcist）與《分裂》（Split）的情節更聳動。未來，會以專書來詳述每個案例的細節，以下僅簡略概述一二。

　　我在J老師處看過因為參加靈修接受灌頂加持而被靈附，因而痛苦不堪的一位醫學中心醫師。J老師也處理過因為接受器官移植後，人格改變的案例。看過被不明所以的師父從背後猛拍一下而突然能

夠通靈與治病，但代價卻是全身身體的不適，與雙足及小腿皮膚深度龜裂見血，看遍不同醫院皮膚專科而無法治癒，卻在做懺悔功課及接受「J氏靈療」不久，就快速痊癒的人。其靈附問題也在日後的持續功課與靈療下得到解決。另外，也有超過自己能力所能荷擔之過大的宗教願力，所感召來的靈附。

有一位男性求治者，一直認為自己上半身是男人，下半身是女人，且一直覺得腹中有一個靈，催著要這位男性求治者將其出生來。我也看過一位虔誠的女性基督徒，因為在任職公司的祭拜儀式中，不願意拿香祭拜而當場被無形界靈鬼推一把，從此感覺有「東西」附身，並跟隨她回家，甚至被附靈性騷擾，嚴重干擾生活達數年。這類被附靈強制「冥陽交合」的例子，匪夷所思，有些案例剛開始或許愉悅，但是最後都是痛苦不堪，而且擺脫不掉。這類求治者（不分男女），都很清楚知道自己的身體，被附靈給侵犯了。「冥陽交合」的案例並不少，被附者可以是任何性別、任何年齡及任何身份職業的人，也一樣發生在任何宗教，甚至是寺院裡的出家眾身上。

在J老師的諸多案例中，我親見諸多案例當附靈出現時，病人患處的肌肉會出現不可思議的局部高頻跳動，或在頭、臉、眼、舌頭、身體或手腳肢體部位，出現平常人絕對不可能做到的動作與頻率。這些異常動作或肌肉收縮，經常被神經內科醫師診斷為肌躍症或肌張力障礙。有一位年約六十歲的高瘦女士，是一般的家庭主婦，當附靈出現時，這位女士從本來坐著，轉而頭朝下，雙掌著地且雙臂離地伸直，同時雙腳挺直以腳趾頭背側點地，整個身體弓起

呈「倒V字型」的姿勢，維持長達將近二十分鐘，這個違反人體工學的姿勢，是平常人不可能做到的動作。受治者在出靈時，經常能做出平常人做不到的高難度，或極度不可能的各式各樣動作與姿勢。

有一位在德國攻讀博士的年輕女性，因突發並經確診為思覺失調症而無法繼續學業，家長先安排在某醫學中心精神科接受藥物治療。在尋覓聯繫到J老師請求幫忙後，由雙親陪同返國求治。我曾親見該女在一次家長伴同的靈療中，突然轉頭超過90度面向一側的父母，眼露兇光張口吐舌長至下巴，面目猙獰可怖如厲鬼，令人不寒而慄。重點是，上述狀況是瞬間出現瞬間消失，與服用抗精神病藥物與止吐藥所引起的持續性錐體外症狀有所不同。

來接受靈療的療癒過程中，求治者經常會陸續在不同階段出現多個附靈，各現迥異之人格、行為舉止、音調及語音（所謂外國語音症候群），甚至講不同的語言或方言，有些語言與歌謠則甚是古老，有的完全聽不懂，但示現的附靈們，都與求治者有著不同的因果故事與恩怨情仇的業障糾纏。有些出現的異國語言、異地方言及天語的「特殊語言能力」（xenoglossia）等，求治者不曾學過、聽過或講過，也不明白其中意思。有些案例求治者意識完全清楚，但是肢體或頭臉眼睛各種動作，甚至講話的內容音調及語氣則完全無法自主，動作的主體不是自己，如同自己的身體被調換了控制者般，自己被趕下身體的駕控台，僅能看著自己的身驅被「他靈」或「他力」控制而不自主地進行各種動作，同時自我意識被壓縮到一個小角落。

前述精神醫學與心理學的理論模式，完全無法解釋J老師數萬個徒手靈療的實例與諸多靈附的個案。其中不乏高等知識份子、政商學軍警界要人、社會菁英、頂尖大學的教授，更不乏中西醫師、科學家及宗教界人士等。靈擾的問題對於娑婆眾生，並無男女、年齡、種族、階級、社經地位、地域或宗教信仰的差別性。靈附與乩童現象也絕非之前學者或一般大眾的刻板印象，認為只會發生在社經地位較低的邊緣族群的人們。而這些人並無被霸凌或創傷後壓力症候群的過去史，更不是乩童，因此無法用解離性身份障礙症的理論模式來直接套用。且靈療前或當下更無暗示、催眠與引入恍惚等情事，所以更非刻意技術性誘發之解離。

讓人深思的是J氏靈療所處理的每個案例，其中透過附靈自訴所呈現出的冥陽兩界、人與靈之間的累世糾結，都離不開人性自私之「貪瞋痴」等基本無明與貪欲，尤其是愛恨情仇的強烈與深度的糾結執著。

諸多疾病竟然有更深的因果業障的原因，這或者才是最根本的源頭。對於身為一個腦科學家、心智科學家及臨床醫師的我而言，這些實例所呈現的意涵，絕非現今腦科學、心智科學及神經精神醫學等生物醫學知識系統所能解釋。

### 冥陽兩利的和解

J氏靈療並不像基督宗教之驅魔療法或一般的巫祝術士，認為一切附靈皆為惡靈或邪靈，必須驅趕之。J氏靈療絕對不會為追求

療效，而不分是非對錯強行介入求治者當事人的因果，因為有過愆的一方經常是被附的人。有的靈療者因教義的關係或因其他因素使用強力驅趕的方式，雖然或可使求治者獲得一時的平靜，但無法斷絕與根治；求治者的心性、個性若是不改，附體的外靈仍然隨時有機會找到破口，再回來干擾。若不分青紅皂白與是非曲折，直用強力的驅趕方式也會不利於施治者，導致外靈心生不甘轉而對付施治者。因此有可能會發生靈療施治者，例如電影《大法師》（The Exorcist）中的情節，最後神父從樓上窗戶一躍而下斃命，莫名死於非命。

　　J氏靈療的首要條件是，求助的當事人必須能夠真心誠意懺悔改過。從我對諸多靈附案例之長期觀察，所得到的結論是：能夠治癒的重要關鍵之一，是當事人能否徹底懺悔改過，唯有如此，靈療者才好說服附靈寬恕求治者，而甘願平和地離去。施治者實質上是一個仲裁與調解者，讓冥陽兩界的兩造當事者，其前世或累世的恩怨情仇得以化解。外靈不論持續或短暫的附體或干擾，都必然有原因，所謂冤有頭，債有主，不會無緣無故，因此處理上必須客觀公正，達到冥陽兩利，雙方恩怨才得以圓滿化解。

　　在靈療過程中，J老師會與受治者身上的附靈溝通，找出患者真正致病的因果業力之因。進行靈療的過程中，則是不斷規勸鼓勵受治者，改變心性與習性，以達至療癒。同時，J老師也會開導附靈，要釋放自己對愛恨情仇的剛強執著，不要耽誤自己靈命向上與向善的進化路程。除了以能量[25]修復求治者及附靈二者的靈魂能量體（以

下簡稱靈體，見第七章之「靈體存在的真實性」）之外，更進一步的修善受治者與附靈二者之間的惡緣關係，進而改善受治者與附靈雙方的健康情況，冥陽雙方都能得到療癒，這是J氏靈療中特別重視及重要的關鍵。J老師對於冥陽兩造同時療癒的慈悲之下，附靈靈體的殘疾亦能被修復而得到醫治。而附靈同時在J老師的教導與勸導之下，最終願意放下箇中恩怨結節，拜謝離去。因此，J氏靈療是一種冥陽兩利而別無僅有的「靈體療癒」。

一個問題：附靈離開，要去哪裡？本書不討論這個大哉問。不過，一言以蔽之，靈界有一個更高層次的規範與機制，來繼續之後的處置與安排。

另一個問題：被靈附的期間，附靈是如何影響或障礙求治者的意識與身體？一個無形的意識體或靈魂，又如何介入、干擾甚至劫奪求治者有形的腦袋中樞與身體，乃至形而上的心識？這些問題，我們於第四章至第七章中再來討論。

## 穿越過去與未來

### 過去與未來的時間哲學及物理學

一個稱作「現在」的特定時刻從過去朝著未來「移動」，這便是時間流動的意義。我們在理解時間性質的時候，常離不開以人為主體的認識、意識與心理體驗的作用。但是如何「看見」一個人的

---

25.Benor, D. J. (2004). Consciousness, bioenergy and healing: *Self-healing and energy medicine for the 21st century*. Wholistic Healing Publications.

過去或過去世或累世發生過的事？這些訊息如何擷取？如何確認？

　　哲學上有許多關於時間本體的論述（有關時間的實質、屬性、關係、狀態與事件），其中哲學的「現在論」認為過去和未來都不存在，只有現在才是存在的。「不斷成長塊宇宙理論」則主張現在與過去的事才是真實存在，未來則不存在且持續變化不斷調整。「永恆論」則主張現在、過去以及未來都是同等真實，並不存在客觀的時間流動。在時間維度的概念下，不同的時間與不同的地點則具有相同的實在性。換言之，未來發生的事件，本就「已經」存在，時間並無流動。「永恆論」又稱為「塊時間」或是「塊宇宙」理論，時空成為一個固定的四維塊狀物，而不是獨立時間的流動下不斷變化的三維空間。在這種情況下，過去現在未來都已是早已決定的，而我們之所以會有時間流動的感覺，則是因為我們腦袋的作用[26]。因此，對過去已發生的、及未來要發生的事件，時間哲學的論述，提出了一個不同塊時間中的資訊，是可以被擷取的可能性。前提是，我們必須能夠找到一個渠道，從現在去貫穿過去與未來。

　　另一方面，阿爾伯特・愛因斯坦（Albert Einstein, 1879-1955）則一直在物理世界中尋求一個能統一宇宙四種力的統一論，又稱為「上帝的方程式」，也在思考時間與空間的整合理論。有別於艾薩克・牛頓（Isaac Newton, 1643-1727）認為存在絕對且相互獨立的時間與空間，愛因斯坦不認為時間是可以獨立於空間之外的

26.Silberstein, M., et al. (2018). *Beyond the dynamical universe: Unifying block universe physics and time as experienced*. Oxford University Press.

絕對物理單位。他提到「時間膨脹」效應,即時間不是絕對的單向流逝的正數增量。時間是一個向度,依照參考點的不同,可以是負數,也可以是正數,特殊情況下還能出現正負數疊加的變異時空現象。能夠產生時間膨脹的兩個因素為速度和質量,當速度越快(如接近光速)的時候,時間就過得越慢,當速度達到光速的時候,時間就會停止;速度超越光速,時間就會倒流(狹義相對論)。此外,如果一個物體的質量越大,那麼它的引力場就越強,在這個引力場中經歷的時間也就越短(廣義相對論)。簡單的總結就是「時間是可以改變的」。

在不同條件下的觀察者,理論上可以看到另一個人事物的過去與未來。不過,先決條件是:觀察者與被觀察者,必須在同一個時空參考點的慣性系統上,且無加速的相對快速運動之下[27]。這個理論部分被證實是正確的,也被應用到全球定位系統,校正了高速繞行的衛星與地球表面的時間差,提升了定位的準確度。

更有混合了哲學、物理學及懷疑論的「模擬理論」或稱為「模擬假說」,主張一切現實(包含宇宙、地球與人類,及空間與時間的感覺)皆是「被模擬」出來的結果。我們活在一部超級大電腦的運算程式中,而被賦予一個真實感覺的假象[28, 29]。在這個假象中,我們的過去有紀錄,現在正在經歷,而未來不斷被創造生成[28, 29]。這種想法,最戲劇性的實踐,就是多年前轟動全球的電影系列《駭客任務》(*The Matrix*)。電影中的超級智能電腦母體,藉由和人腦聯

27.Kennedy, J. B. (2014). *Space, time and Einstein: An introduction*. Routledge.

結的神經連接器，將精心設計與杜撰的一切視覺、聽覺、嗅覺、味覺、觸覺、情緒、事件記憶、知識與心理等訊息直接傳遞到人類大腦，讓人類以為所經歷的一切時空是真實的，而就此囚禁了人類的心靈。

綜述以上，就哲學的理論而言，若能調整時間切片，就應能在過去、現在、未來中擷取資訊，因為所有的發生可能都早已存在或必然發生，不管是以決定論的方式，或是以或然率的方式。只是現行物理學中有關時間的理論，都無法被應用來說明J老師所擁有的，對過去、現在及未來事件的穿越時空之能力，以及J氏靈療中所展現的種種不可思議的現象。

### J氏靈療對過去與未來的透視

J氏靈療有一些跟「時間」的過去、現在與未來（所謂「三時」）相關的很奇特之透視現象，也是J老師的特殊能力，根據我多年的觀察與自身經歷，僅舉幾個例子如下：

1.對過去時間所發生事情之後瞻穿透（retrocognition或postcognition）：

a.J氏靈療的療癒方式中種種不可思議現象，其中一種宛如量子力

28.Mizrahi, M. (2017). The fine-tuning argument and the simulation hypothesis. *Think*, 16(46), 93-102.

29.Virk, R. (2019). *The simulation hypothesis: An MIT computer scientist shows why AI, quantum physics, and eastern mystics all agree we are in a video game.* Bayview Books.

學中之量子糾纏狀態，我稱之為「糾纏的心靈狀態」：在靈療中一個時間點，強大能力的靈療者（如J老師）與受治者會同時或更早出現受治者過去時空發生重大事件的心像，靈療者能夠清楚告訴受治者當下應該看見與聽見了什麼。驚奇的是受治者正如所說在其心像中親見並述說出自己當下所經歷之過去曾經或過去世發生的事件景象。這些心像與情緒的經歷與內容，跟求治者此刻所受到的身心干擾有關，而且求治者當下很清楚地知道且明白這是他們過去造作的因，是一種自身倒帶真切不過的經驗。J老師在靈療中所展現的，如果用佛教的術語，就是類似六神通中之天眼通、天耳通、神足通、他心通與宿命通的疊加。「宿命」一詞，可以廣義的指謂過去或未來。其實，更多的時候是，求治者第一次來，J老師一眼就明白求治者的性格習性與過去世因，如《金剛般若波羅蜜經・一體同觀分第十八》所云：「爾所國土中，所有眾生，若干種心，如來悉知」。

b. J老師在靈療期間多數時候不會對病人講前世因果，通常只明確地對求治者說：必須誠心誠意做懺悔功課，能夠真心懺悔時機到時，則會讓他們自己親見宿因。

2. 對未來時空發生的事件之前瞻預示（precognition）：

a. J老師在對受治者的靈療中，偶而會提示受治者要注意未來可能發生的事情而給予提示，希望經由拜懺而能得到化解。

b. 雖然與靈療無直接相關，但J老師數十年來一貫會於年初在為天

下蒼生祈福法會中，對未來及當年的全球時運，以及大自然與人為災禍有所預示。若有特定影響全球的重大事件，會即時提早囑咐大家多所警惕，包括預言921大地震、911美國的恐怖攻擊、南亞大海嘯等，其精確常令認識她的人稱奇與折服。基於不能洩漏天機過多，她通常不特指哪些地方與時間，也絕不對外宣稱，僅對內警示。

i. 2019年初即提到2020年將是「大瘟疫及病蟲年」的開始，我們看到了東非、肯亞、印度及中國飽受數十年來最嚴重的蝗災。並說「2020年全球將面臨世紀大災難」，人類的生活將遭逢「天翻地覆」的改變。2020年新冠肺炎肆虐全球，由中國爆發且快速蔓延至世界各地，全世界到處封城、封國，美國竟成為死傷最慘重的國家。世界各國紛紛採取居家隔離、遠距教學、居家上班、限制外出等，瞬間在人類未充分準備好之下，整個改變了原本的生活、工作與教育方式，無法控制、抑止的疫情與恐怖的死亡人數，讓全世界都籠罩在恐懼不安之中，無一倖免。

ii. 2021年初，說「疫苗的問世與施打後，疫情表面上看似緩和的假象，病毒將不斷變種，疫情將再起而且更加棘手」，結果我們看到印度的疫情墜入人間地獄般完全失控。歐洲國家再度封城，澳洲、日本、韓國、印尼、馬來西亞與東南亞的疫情大爆發，而臺灣也未能倖免卻又苦無疫苗。以色列施打疫苗覆蓋率最高，被認為是最安全的國家，全世界抗疫成功的指標，但是印度Delta變種病毒的入侵，也破滅了這個假

象。7月，美國疫情再度升溫。J老師年初預言說將會有「大洪水」及「火山爆發」，說「天氣不是乾死，就是淹死」，講完隔天印度喜馬拉雅山冰川沖毀大壩引發大洪災；7月時西歐面臨千年一遇的大水患，德國及比利時慘遭洪水蹂躪，南美巴西降下110年來最猛烈的暴雨；中國河南省鄭州市經歷百年不遇的最大洪水，三天內下了一整年的雨量。接下來，大陸許多省市因煙花颱風肆虐，遭遇狂風、暴雨、水淹，苦不堪言。臺灣則於8月7日的大水災，重創全台而滿目瘡痍。日本也是大雨造成水災大患，於8月14日九州撤離200萬民眾；9月2日美國路易斯安那州紐奧良市及整個東岸慘遭龍捲風及大水災蹂躪，紐約市大雨淹水。義大利、印尼、冰島、聖文森、菲律賓相繼火山爆發，西班牙的火山也於9月爆發。我們看到澳洲、美國及加拿大百年以來的高溫乾旱導致野火燒山不停，尤其加拿大竟然飆到50°C的高溫熱浪，熱死的人數為往年數倍之多，同時也因高溫導致冰川的溶解多處城市淹水。澳洲野火造成數以億計動物的死亡，焚毀面積超過3個臺灣。伊拉克也相繼飆破50°C的高溫；土耳其的大火也非常嚴重，希臘亦出現大野火，西班牙高溫飆到47.5°C；南極高溫竟然導致出現「西瓜雪」，北極也飆出50°C高溫；全球許多國家都在水深火熱之中。有關臺灣新冠肺炎的疫情，則說「於2021年11月會和緩」，我們看到行政院於11月2日，全面鬆綁交通運輸工具的飲食限制，教育及運動場域亦全面放寬，取消總量管制及人流管制，對於不方便使用口罩的特殊場合與活動，也鬆綁口罩的強制使用。

iii.2021年初說「除了人類原本的疫情外，將會出現動物與植物的疫情」，結果不久即看到中國大陸非洲豬瘟的嚴重問題，臺灣也出現牛結節問題、禽流感、雞瘟等，而植物也出現洋蔥病導致減產。2022年，根據世衛組織的統計，自新冠疫肺炎疫情爆發以來，有來自32個國家，多達17種動物染疫，包括貓、狗、獅子、老虎、雪貂、倉鼠等。之前數次曾說會有「大型交通工具失事的災難」，我們看到臺灣普悠瑪號及太魯閣號列車的災難，埃及的連番火車災難，及烏克蘭的國際航班墜機。說會有「無以計量的蟲子從地裡爬出來」，我們看到美國潛藏地底蟄伏長達17年的數十億週期蟬破土而出。

這些預言的事件，能印證的，實在不勝枚舉。也因此數年來不斷為國家社稷及全球生靈祈福，是J老師與學員們日常必做的利他功課。我無意在本書中去討論各種宇宙的生成理論與假說，更無意去探討各種超自然能力與超心理學的內容，因為會牽涉到非常冗長的科學或偽科學的論證[30-32]，以及不同團體的宗教信仰，這些都不是本書的主題與旨趣。

30.Alcock, J. E. (1990). S*cience and supernature: A critical appraisal of parapsychology*. Prometheus Books.

31.Mousseau, M.-C. (2003). Parapsychology: Science or pseudo-science. *Journal of Scientific Exploration*, 17(2), 271-282.

32.Rhine, J. B. and Pratt, J. G. (2010). *Parapsychology: Frontier science of the mind*. Kessinger Publishing.

第 四 章

# 意識的腦科學

在探討靈附現象中被靈附的當事人，其個體意識的變異，以及附靈對個體意識的侵犯與影響之前，我們必須先瞭解當代研究人腦心智運作、意識與心靈的科研技術，以及當今腦科學的意識模式理論。以非侵入性的腦造影或神經造影及腦圖技術為研究平台，應用各種顱內及顱外神經調節技術，並結合認知神經科學與臨床神經精神醫學的領域知識，進行人腦各種意識與心智運作功能等機制的探討，揭開腦神經疾病的病理機轉與開發臨床應用，是當今最重要的顯學之一。從上個世紀末以來，對於人腦神經奧秘的揭露，以驚人的速度不斷有突破性的發現。

當今人類腦神經與心智科學之研究科技、神經資訊分析技術及臨床應用的發展飛快，以下僅列舉幾個重要方向：

一、神經動力學研究：
　　利用不同的神經生理與生化等各種參數，來研究腦部的功能。
　　1.以神經活動的腦波振盪為參數的研究技術：以達到毫秒級的高時間解析度，來探究人腦神經活動之時序機轉。
　　（a）利用高解析度腦電波圖技術，研究人腦活動的電位變化（通稱為腦電波）。
　　（b）利用高解析度腦磁波圖技術，研究人腦活動的磁場變化（通稱為腦磁波）。
　　2.以腦血流動力學為相關參數的研究技術：
　　（a）利用超高磁場磁振造影設備從事腦部之功能性磁振造影研究，這是目前最普遍使用於人腦與人類心智功能研究的腦造影技術。

(b) 腦灌流與腦血容積磁振造影。

(c) 利用正子斷層掃描研究腦血流。

(d) 利用功能性近紅外光頻譜儀研究腦血流。

3. 以基於種子點之功能性聯結的分析方法及圖論的分析理論，透過靜息態或活化狀態之腦神經生理生化訊號，來探討大腦的功能性與結構性神經網路聯結。

4. 以腦部的新陳代謝及生化為參數的研究技術：

(a) 利用磁振磁譜分析研究腦部的神經生化的變化。

(b) 利用正子斷層掃描研究腦部的葡萄糖能量代謝。

5. 以腦部神經傳導素受體為參數之研究技術：利用正子斷層掃描或單光子斷層掃描及動力學模式，深入探討人腦神經傳導素及受體之變化。

二、以腦部結構與型態為參數的研究技術：

1. 灰質：利用結構性磁振造影探討腦部各區的體積、密度與型態。

2. 白質：利用擴散張量造影或擴散頻譜造影等神經影像學技術與神經纖維追蹤技術，來定量化研究大腦白質神經束的結構。

3. 以圖論的分析理論，來探討大腦結構性神經網路聯結。

三、基因神經造影技術：

結合基因資訊與腦造影之研究建立基因腦造影的技術，探討不同基因亞型對腦部功能與結構的影響。

四、神經調節技術：

1. 使用非侵入性之重複性經頭顱磁刺激、經頭顱直流電刺激或經頭顱交流電刺激，透過外加的磁場或電流來調控人腦神經之活

性。除了提供人腦神經控制之機轉研究外，還可應用相關技術於臨床治療。

2.使用經頭顱聚焦式超音波刺激來研究腦功能及治療腦部疾病。

3.使用顱內的植入式電極，對腦部直接進行微電流刺激以達到治療的功效。

五、腦機介面：

利用非侵入性或侵入性植入式電極，透過意念引發人腦訊號，直接控制電腦之腦機介面，來達到以意念控制電腦，進而與外界溝通或直接控制機器的技術。

## 自我意識的腦科學

哲學家內德・布洛克（Ned Block, 1942-）從功能的角度，將意識區分為「現象意識」與「取用意識」。根據定義，現象意識是一種純主觀之體驗，也稱為「感質」，不需再進一步處理相關訊息（因此不需要陳述所理解的內容，如感受到冷熱、所看到物件的顏色等）。取用意識是指能被眾多認知處理器（例如調節工作記憶、口頭陳述或運動行為）所覺知取用的內容與訊息處理[1]。

## 自我意識

有關「自我意識」的哲學、心理學與意識科學的論述非常多，各家學派與學者所強調的內容也未必一致，但是基本上同意「自我意識」是一種複雜的多向度心理現象，強調個體的自我認識、自我體驗和自我控制等心理成分的交互作用與統合，呈現出一個「自我」的主體認知與意象（個體存在、人格特質、社會形象），而這

個自我是連續的、整合的、不可分的。其中，自我認識是指自我感覺、自我觀察、自我分析和自我批評等的認知作用。自我體驗是伴隨自我認識而產生簡單或複雜的內心感受與情緒反應。自我控制是自主、自衛及自律等的意志作為[1]。

## 覺知意識、無意識與非意識

「有覺察」與「有意識」，兩者在意涵上有所不同。有覺察，不一定有意識；但是有意識，必定有覺察。意識是覺察加上心靈的作用，亦即覺察加上知道（覺知）。覺察的程度（意識的水平）是指個人的整體神智狀態（例如，警醒、嗜睡、木僵、昏迷），而意識內容是指當前所覺知體驗到的訊息（例如，看到紅玫瑰與黃色太陽並且了解其意涵）[1]。

格奧爾格・諾赫夫（Georg Northoff, 1963-）教授在其著作《留心你的大腦：通往哲學與神經科學的殿堂》（*Minding the Brain: A Guide to Philosophy and Neuroscience*）書中，依覺知的深淺有無，將廣義的意識細分為三種狀態[2]：

1. 有覺知的意識：這是一種能覺知的主觀性經驗，包括主體經驗之意向、感質與內容，一般都是能夠自覺並述說出來。以下，就稱為「覺知意識」。

---

1. 洪裕宏（2016）。*誰是我？意識的哲學與科學*。時報出版。

2. Northoff, G. (2014). *Minding the brain: A guide to philosophy and neuroscience*. Red Globe Press. 《留心你的大腦：通往哲學與神經科學的殿堂》。洪瑞璘譯。2016年國立臺灣大學出版中心出版。

2.無意識：是無覺知也無法述說出來的意識狀態。再依是否能浮出到可被覺知的情況再分為：

　　a.前意識：即將進入意識的狀態。

　　b.動態無意識：如被壓抑的記憶，不會進入覺知意識的狀態，但仍然影響個人行為，且可經驗到其影響（等同於下意識的意涵）。

　　c.深度無意識：永遠不會進入覺知意識，不會經驗到其影響，是底層的心理與生理的隱藏歷程。

3.非意識：是身體的神經生理與生化歷程，永遠不可能進入覺知意識的層次。

　　佛教教義中八識的前七識：前五識（眼、耳、鼻、舌、身；主感識）、第六識（意、思維；主分別意識）及第七識末那識（相當於「我」、「自我意識」；主造作意識），是屬於覺知意識及部分無意識的層次。而第八識阿賴耶識（藏識、本識、種子識、輪迴主體），則屬於無意識層次。

　　腦科學家透過功能性神經造影的技術，目前對覺知意識的了解較多，對於無意識（如閾下知覺）是如何影響覺知意識，也開始有初步的了解。但是，對於覺知意識的訓練如何影響非意識（如，純心性訓練的禪坐會改變腦部灰質的厚度與其他結構性質的現象），以及無意識與非意識之間的相互影響，我們卻是一無所知。卡爾‧榮格的心理分析理論中的集體無意識，以及佛教的第八識阿賴耶識，兩者分別是心理學與宗教意涵的意識思維，然而現代腦科學尚未發現能對應兩者之神經表徵與神經基質[3-5]。

## 人腦的核心網路

　　跟自我、自我參照（跟自己有關的）的處理、自我認知或自我意識最有關之腦部功能性與結構性神經關聯（neural correlates），就是人腦中之預設模式網路（default mode network，通稱為DMN）。預設模式網路與中央執行網路（central executive network，通稱為CEN）及警覺網路（salience network，通稱為SN），形成人腦整體心智運作的三個重要基本核心網路：

## 1.預設模式網路（DMN）

　　預設模式網路（圖一），主要是由內側前額葉皮質、後扣帶迴皮質、楔前葉及角迴所組成。當一個人不將注意力放在外部世界或任務作業時，人腦就會處於清醒放空的休息狀態，但是也容易進入一種做白日夢或遊思走神的狀態，這時人腦的預設模式網路就會活化。當個人在揣摩、臆測他人的心理、自我參照、回憶自己過去和計劃自己未來時，預設模式網路也會活化。另一方面，當人在專注處理有「外在目標導向的任務」時，預設模式網路的功能是被抑制的，其活性反而是減低的，也因此預設模式網路又被稱為「任務的負性網路」。但是當這些任務是與「自我」人際關

3. Berlin, H. A. (2011). The neural basis of the dynamic unconscious: Response to commentaries. *Neuropsychoanalysis*, 13(1), 63-71.

4. Berlin, H. A. (2011). The neural basis of the dynamic unconscious. *Neuropsychoanalysis*, 13(1), 5-31.

5. Meissner, W. W. (2005). The dynamic unconscious: Psychic determinism, intrapsychic conflict, unconscious fantasy, dreams, and symptom formation, in *The American psychiatric publishing textbook of psychoanalysis*, Person, E.S., et al., Editors. American Psychiatric Publishing. 21-37.

係或「自身」生活經驗相關時，預設模式網路就會活化。一般情況下，預設模式網路與注意力網路（本書中未討論）是呈現負相關的，也就是專注力提高時會活化注意力網路，同時預設模式網路的活性就會降低[6,7]。簡言之，當我們專注在處理「非關自己」的外顯任務、作業與事務時，預設模式網路的活性會降低，當我們專注處理「以自己為參照中心」的內在任務、作業與事務時，預設模式網路的活性就會提升。

2.中央執行網路（CEN）

中央執行網路（圖二），通常也稱為額頂網路，主要由背外側前額葉皮質、後頂葉皮質和頂內溝周圍皮質組成。中央執行網路涉及持續的注意力、複雜的問題解決和工作記憶[8,9]。

3.警覺網路（SN）

警覺網路（圖二），又稱為突顯網路，在解剖學上也稱為中扣帶迴－島葉網路，主要由前島葉和背側前扣帶迴皮質組成。參與偵測顯著的警示刺激，並且協同感覺、情感和認知功能相關之神經

6. Andrews-Hanna, J. R., et al. (2014). The default network and self-generated thought: Component processes, dynamic control, and clinical relevance. *Annals of the New York Academy of Sciences,* 1316(1), 29-52.

7. Li, W., et al. (2014). The default mode network and social understanding of others: What do brain connectivity studies tell us. *Frontiers in Human Neuroscience*, 8, 00074.

8. Ardila, A., et al. (2018). Executive functions brain system: An activation likelihood estimation meta-analytic study. *Archives of Clinical Neuropsychology*, 33(4), 379-405.

9. Dixon, M. L., et al. (2018). Heterogeneity within the frontoparietal control network and its relationship to the default and dorsal attention networks. *Proceedings of the National Academy of Sciences*, 115(7), E1598-E1607.

網路，一起處理複雜的功能，如人際溝通、交流、社會行為[10-12]。

## 預設模式網路是自我意識的中央處理器

以上三個核心網路，在本書中我們只針對與自我意識特別有關的預設模式網路來深入討論，因為與靈附現象及靈療下的意識變異狀態有密切關聯。預設模式網路在胎兒第三個懷孕週期時就已形成[13]，國際腦科學權威及預設模式網路的前驅學者馬可斯・賴可（Marcus Raichle, 1937- ）教授，將其稱為「大腦的暗能量」[14, 15]。預設模式網路所參與的心智功能如下[6, 7]，包括：

1. 自我認知：包括自己的人生記憶、自我的相關資訊、自己的性格、特徵與情緒等之自我參照及反應。
2. 對他人的認知：包括臆測他人心思的「心智理論」、了解及同理共情他人的情緒、對他人行為對錯的道德判斷、人際關係上的好壞評估及人際群體特性的分類判斷。
3. 回憶過去與計畫未來：回憶過往、想像、展望、未來的規劃、情節記憶與自傳故事的理解與描述。

---

10. Corbetta, M. and Shulman, G. L. (2002). Control of goal-directed and stimulus-driven attention in the brain. *Nature Reviews Neuroscience*, 3(3), 201-215.
11. Menon, V. (2015). Salience network, in *Brain mapping: An encyclopedic reference*, Toga, A.W., Editor. Elsevier.
12. Menon, V. and Uddin, L. Q. (2010). Saliency, switching, attention and control: A network model of insula function. *Brain Structure and Function*, 214(5-6), 655-667.
13. Schöpf, V., et al. (2012). Watching the fetal brain at 'rest'. *International Journal of Developmental Neuroscience*, 30(1), 11-17.
14. Raichle, M. E. (2006). The brain's dark energy. *Science*, 314(5803), 1249-1250.
15. Raichle, M. E. (2010). The brain's dark energy. *Scientific American*, 302(3), 44-49.

# 預設模式網路
## (default-mode network)

● 核心預設模式網路子系統
○ 背側正中前額葉皮質子系統
● 內側顳葉子系統

大腦外側圖
(lateral view)

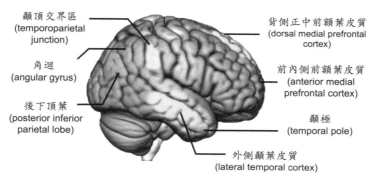

顳頂交界區
(temporoparietal junction)

角迴
(angular gyrus)

後下頂葉
(posterior inferior parietal lobe)

背側正中前額葉皮質
(dorsal medial prefrontal cortex)

前內側前額葉皮質
(anterior medial prefrontal cortex)

顳極
(temporal pole)

外側顳葉皮質
(lateral temporal cortex)

大腦內側圖
(medial view)

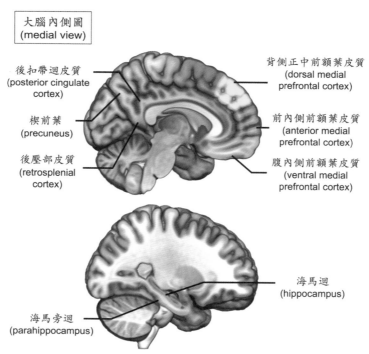

後扣帶迴皮質
(posterior cingulate cortex)

楔前葉
(precuneus)

後壓部皮質
(retrosplenial cortex)

背側正中前額葉皮質
(dorsal medial prefrontal cortex)

前內側前額葉皮質
(anterior medial prefrontal cortex)

腹內側前額葉皮質
(ventral medial prefrontal cortex)

海馬迴
(hippocampus)

海馬旁迴
(parahippocampus)

**圖一、預設模式網路**

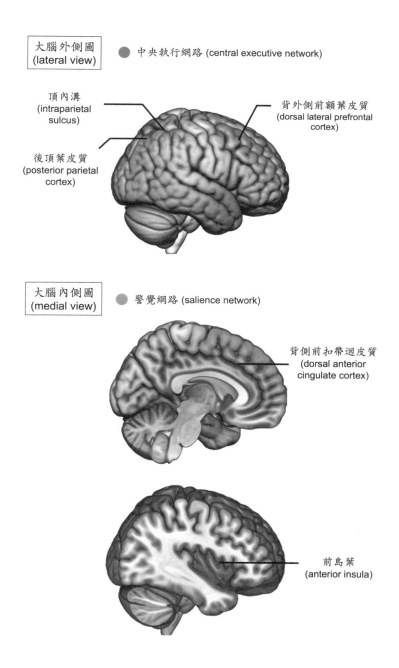

大腦外側圖
(lateral view) ● 中央執行網路 (central executive network)

頂內溝
(intraparietal
sulcus)

背外側前額葉皮質
(dorsal lateral prefrontal
cortex)

後頂葉皮質
(posterior parietal
cortex)

大腦內側圖
(medial view) ● 警覺網路 (salience network)

背側前扣帶迴皮質
(dorsal anterior
cingulate cortex)

前島葉
(anterior insula)

**圖二、中央執行網路與警覺網路**

預設模式網路，主要由前後兩個功能性樞紐腦區所組成：一是由內側前額葉皮質所形成的「前成分」，以及另一個由後扣帶迴皮質、楔前葉與後壓部皮質所共同形成的「後成分」。預設模式網路在功能性神經解剖學上，則可更精緻地再分出一個核心系統與兩個子系統，各自有不同的重要神經基質，並且職司不同的功能。這裡需要注意的是，預設模式網路三個子系統的功能性神經解剖學非常複雜，細部的分區方式則仍未有統一的定義，且預設模式網路下所涵蓋的神經基質的分區與子系統歸屬，在不同學者群間仍有不同的論述。此外，額下迴與小腦的一些區域，雖然有不少的學者，也認為是預設模式網路其整體神經建構的一部分，在本書中我暫未列入，只呈現多數學者的共識，供讀者參考（見圖一）[6, 7, 16-19]：

一、核心系統：

　　（一）功能：

　　　　主要處理自我相關的歷程（自我參照、自傳性資訊）、情緒向性（積極的、消極的、道德的），並與背側正中前額葉皮質子系統和內側顳葉子系統，一起協同處理社會人際

16.Chen, X., et al. (2020). The subsystem mechanism of default mode network underlying rumination: A reproducible neuroimaging study. *Neuroimage*, 221, 117185.

17.Christoff, K., et al. (2016). Mind-wandering as spontaneous thought: A dynamic framework. *Nature Reviews Neuroscience*, 17(11), 718-731.

18.Lopez-Persem, A., et al. (2019). The human ventromedial prefrontal cortex: Sulcal morphology and its influence on functional organization. *Journal of Neuroscience*, 39(19), 3627-3639.

19.Margulies, D. S., et al. (2016). Situating the default-mode network along a principal gradient of macroscale cortical organization. *Proceedings of the National Academy of Sciences*, 113(44), 12574-12579.

關係（如推敲他人心理狀態）和記憶歷程（如回憶、檢索和記憶等功能）。

（二）神經基質：基本上是由上述之前後兩個樞紐成分腦區所組成。

1.後扣帶迴皮質：

(a) 腹側（下部）後扣帶迴皮質：

參與幾乎所有自發生成的任務、自我參照的任務處理、情節或自傳記憶、未來思維、心智理論的運作、空間導航和概念的建構。

(b) 背側（上部）後扣帶迴皮質：

與許多腦區聯結，負責自律神經的喚醒反應與覺知、監測與行為相關的刺激和環境變化。

2.楔前葉：

與後扣帶迴皮質在解剖位置上緊密相連，參與視覺、感覺運動和注意力的訊息處理。

3.前內側前額葉皮質：

參與跟「自我」相關的處理，包括個人訊息、自傳記憶、未來目標和自我參照等。涉及跟自己有密切關係之人、以及對自己很重要之他人，其相關事務的決策與處理。參與自己對未來事件的思維、社交互動的模擬或正向情緒的獎賞等功能。

4.角迴：

跨模式訊息整合與處理的樞紐結構，聯結內源性及外源性的感知訊息，以形成具備時間與空間的概念表徵。參與感知、注意力、空間認知、行動的處理及協助回憶情

節記憶的細節。

二、背側正中前額葉皮質子系統：

（一）功能：

他人心理的推敲與社會認知、故事理解和語義／概念的處理。

（二）神經基質：

1.背側正中前額葉皮質：

參與對他人精神狀態的推敲、他人行為目的之推斷與確定，以及元認知（或稱為後設認知）的自我反思。元認知是關於「認知的認知」，是個體對自己認知處理歷程的自我覺察、自我反省、自我評價與自我調節。

2.顳頂交界區：參與「心智理論」的運作，反映對他人的信念。

3.外側顳葉皮質：參與語義的處理和概念知識的檢索。

4.顳極：參與處理抽象的概念訊息，特別是社會性的。

三、內側顳葉子系統：

（一）功能：

參與過去和未來的自傳式訊息、情節記憶與脈絡的處理。

（二）神經基質：

1.腹內側前額葉皮質：參與情緒的調節、獎賞和正負情緒價性的處理。

2.海馬迴：參與形成新的記憶、回憶過去和想像未來。

3.海馬旁迴：參與空間和場景識別及模擬。

4.後壓部皮質：參與空間導航。

5.後下頂葉：參與聽覺、視覺與體感訊息等與專注力的整合。

在休息狀態時，因為我們經常會有許多「遊思、出神」的現象，及源自內心世界自發性的「自我相關的思想流」，因此預設模式網路也相應會較活絡而活性較高。而當專注執行外部作業與認知處理的歷程時，尤其進入忘我或無我的狀態時，此時預設模式網路的活性與內在功能性聯結就會跟著降低，或稱為「功能性抑制」。預設模式網路的神經動力學是我們心理狀態的魔鏡，反映了當下我們的心靈是活在內心自我參照的世界（此時預設模式網路活性與內在功能性聯結強度會上升），還是心思專注於外在的世界（此時預設模式網路活性與內在功能性聯結強度會下降）[6, 7, 16-19]。

預設模式網路其活性的高低與網路神經組態間內在功能性聯結的完整與否，直接與個體的意識及自我意識覺知程度呈正相關。臨床上，從微意識狀態、植物人狀態到昏迷狀態等各種程度的意識障礙疾病，病人意識障礙的嚴重程度，與預設模式網路活性減弱的程度，及功能性聯結的受損程度成正比。昏迷狀態的病人基本上檢測不到有臨床意義的預設模式網路的活性與內在功能性聯結[7, 8, 17-20]。

重度憂鬱症與嚴重慢性疼痛的病人，其自我意識與自我基模（一種思維、行為模式與心理結構；對外在世界的觀點及新資訊的

---

20.Goleman, D. and Davidson, R. J. (2017). *Altered traits: Science reveals how meditation changes your mind, brain, and body.* Penguin. 《平靜的心，專注的大腦：禪修鍛鍊，如何改變身、心、大腦的科學與哲學》。雷叔雲譯。2018年天下雜誌出版。

組織與感知，有特定框架等）鎖在負向情緒的自我反芻裡，其預設模式網路活性與內在功能性聯結也是病態性地增高，難以釋放脫離，阻礙了對外在世界的社會性聯結，進而嚴重影響他們的生活品質與身心健康。這些臨床的疾病，廣義來說都可歸入「自我的疾患」或者「預設模式網路疾患」[7, 8, 17-20]。

　　長期禪定的心靈狀態與預設模式網路的神經動力學及神經現象學，如理查‧戴維森（Richard Davidson, 1951-）與丹尼爾‧高曼（Daniel Goleman, 1946-）的暢銷著作《平靜的心，專注的大腦：禪修鍛鍊，如何改變身、心、大腦的科學與哲學》（*Altered Traits: Science Reveals How Meditation Changes Your Mind, Brain, And Body*）書中所呈現，是與常人不一樣，也是一種變異的意識狀態[20]，其對心靈健康福祉的影響及臨床上的治療應用[21]，未來我會另有專書討論。

## 意識的工作空間模型理論

### 總體工作空間理論

　　目前有關人腦意識的腦科學模型理論超過二十九種[22]，且新的模型理論不斷地被提出來。這些眾多複雜的模型理論之中，伯納德‧巴爾斯（Bernard Baars, 1946-）的「總體工作空間理論」（global

---

21. Ramírez-Barrantes, R., et al. (2019). Default mode network, meditation, and age-associated brain changes: What can we learn from the impact of mental training on well-being as a psychotherapeutic approach? *Neural Plasticity*, 2019, 7067592.

22. Sattin, D., et al. (2021). Theoretical models of consciousness: A scoping review. *Brain Sciences*, 11(5), 535.

workspace theory）[23]是其中一個很有啟發性的模型，並且對人工智能的設計思維上產生許多影響[24]。「Global」一字，有的學者翻譯為「總體」，有的學者翻譯為「廣域」、「全局」或者「全域」，本書則採用「總體」的翻譯。工作空間是指一個資訊被儲存、維持、取用、處理與操作的暫時作業空間。總體工作空間，若以認知功能的角度來看待，可以類比於工作記憶的概念。工作記憶能夠對儲存的訊息進行運作處理，是認知心理學、神經心理學和神經科學的核心概念理論。而在總體工作空間之內的資訊也是可以即時被取用、運用與主觀體驗的內涵，如剛記下的電話號碼可以進行處理，因此總體工作空間涵蓋了內在語言和視覺心像。

　　總體工作空間理論認為意識源自訊息處理的過程。人腦中各個具專屬功能的局部認知處理器會按照慣常的方式自動處理資訊，這時意識並未形成。另有一個傳播系統，將這些局部的神經資訊，廣泛傳播至整個人腦的總體工作空間中，而讓許多認知處理器能相互取用、利用、集成。總體工作空間理論認為由局部認知處理器所處理的感知內容，只有在它們被廣泛傳播到人腦中不同位置的其他處理器進行資訊的整合處理時，才會產生意識。

　　總體工作空間理論的神經資訊內容，能對應到我們所意識到的心理內容，並被廣泛傳播到眾多的人腦認知歷程中。當人面對新的、或

23.Baars, B. J. (2005). Global workspace theory of consciousness: Toward a cognitive neuroscience of human experience. *Progress in Brain Research*, 150, 45-53.

24.VanRullen, R. and Kanai, R. (2021). Deep learning and the global workspace theory. *Trends in Neurosciences*, 44(9), 692-704.

者是與習慣性刺激不同的事物時，各種專責的智能處理器會透過合作或競爭的方式，在總體工作空間中對新事物進行分析以獲得最佳結果。總體工作空間涉及與過去（記憶）、現在（感官輸入、注意力）和未來（價值系統、動作規劃）相關的諸多個別認知處理器。因此，從心靈哲學的角度來看，總體工作空間理論實現了心靈體驗的整合，既是在特定時間點有同步性，且有隨著時間推移的歷時性特質[25]。

　　但是，總體工作空間理論認為腦幹網狀結構與丘腦系統，是形成總體工作空間的主要組成，也因此無法明確區分覺察（由腦幹之網狀結構與丘腦所協同控制）和覺知（由其他更高階的腦部結構所處理）兩者間意識內容的差異[25]。

### 總體神經元工作空間模型

　　斯坦尼斯拉斯・迪昂（Stanislas Dehaene, 1965-）及尚皮耶・熊哲（Jean-Pierre Changeux, 1936-）兩位腦心智科學家，根據總體工作空間理論，再發展出迪昂–熊哲模型（Dehaene–Changeux model），又稱為「總體神經元工作空間模型」（global neuronal workspace model，通稱為GNW）或稱為「總體認知工作空間模型」（global cognitive workspace model）[26]。總體神經元工作空間模型是一種「元神經網路」（所謂神經網路的網路），由興奮性神

25.Mashour, G. A., et al. (2020). Conscious processing and the global neuronal workspace hypothesis. *Neuron*, 105(5), 776-798.

26.Dehaene, S., et al. (2011). The global neuronal workspace model of conscious access: From neuronal architectures to clinical applications, in *Characterizing consciousness: From cognition to the clinic?*, Dehaene, S. and Y. Christen, Editors. Springer. 55-84.

經元模組所組成，透過大量的隨機、或者確定性方式來編輯神經訊號，形塑出更進階的階層化建構，來進行神經計算，以模擬人腦無覺的（未能述說）與有覺的（可以述說）意識[25, 27]，進而解釋覺知程度與意識內容等兩個不同的意識維度[28]。總體神經元工作空間模型是意識形成的複雜「電腦計算模型」，已成為眾多意識腦神經科學理論中極重要的學說，也實際應用到臨床上對意識障礙與變異疾病的理論性探討，並且影響了人工智能深度學習的設計[24]。

與原先的總體工作空間模型有兩點重要不同處：

1. 除了如總體工作空間模型的第一層具有功能特異化、模組化的局部認知處理器，來處理特定感知、運動、記憶和評估局部的訊息之外，還增加了第二層更高級別的統一計算工作空間。這個總體空間，是由廣泛分佈的興奮性神經元（稱為GNW神經元）及它們的長軸突所形成的綿密神經網路所架構，能夠通過下行連接來選擇性地過濾特定局部認知處理器神經元所上傳的訊息。這種分佈式的GNW神經元群，也能將自上而下的訊息傳輸到任何的局部認知處理器，從而進行雙向的選擇和廣播訊息。在神經解剖上，總體神經元工作空間模型認為大腦皮質六層結構中，位在第II/III層處理皮質內訊息傳輸的錐體細胞是此模型的關鍵[25, 29]。

27. Whyte, C. J. and Smith, R. (2021). The predictive global neuronal workspace: A formal active inference model of visual consciousness. *Progress in Neurobiology,* 199, 101918.
28. Pal, D., et al. (2018). Differential role of prefrontal and parietal cortices in controlling level of consciousness. *Current Biology*, 28(13), 2145-2152. e2145.

2. 總體神經元工作空間模型的另一個要點是，提出一種稱為「點火」的神經機轉，以非線性的方式來激活神經活性與網路。點火的特點是產生突然、連貫和差別性的激活，造成與編碼當下意識內容相關之神經元群集的被活化，其他不相關的神經元群集則被抑制。點火可因外部刺激而觸發，以處理認知任務。點火也能在休息時自發及隨機的發生，持續激活相關腦區以表徵當下的心智狀態[30]。這個機制可在清醒的靜息態功能性神經造影中被觀察到，並與不斷變化的意識覺知狀態及意識內容相契合（如前述之遊思走神）。但是這種點火機制在失去意識的麻醉狀態下或嚴重意識障礙患者中會消失，佐證了點火的神經機制與覺知意識的現象密切相關[25, 29]。

需要注意的是，如同總體工作空間模型，總體神經元工作空間模型同樣認為意識不存在或發生在單一認知處理器。前額葉皮質固然發揮廣泛傳播的關鍵作用，但也非「取用意識」的專屬腦區。事實上，總體神經元工作空間模型中，負責廣傳訊息的重要區域包括背外側前額葉皮質和下頂葉。其他的匯流樞紐，如顳極、前扣帶迴皮質、後扣帶迴皮質和楔前葉等，以及其他處理感知、運動、記憶、評價和注意力的模組化處理器，也都同樣重要。總體神經元工作空間模型同樣認為，局部認知功能處理器所處理的感知內容，只有在它們被廣泛傳播到大腦中不同位置的其他處理器時，才能形成

29. Deco, G., et al. (2021). Revisiting the global workspace orchestrating the hierarchical organization of the human brain. *Nature Human Behaviour,* 5(4), 497-511.

30. Deco, G. and Kringelbach, M. L. (2017). Hierarchy of information processing in the brain: A novel 'intrinsic ignition' framework. *Neuron*, 94(5), 961-968.

意識。無意識與覺知意識之間的主要區分，決定於神經元活動的局部或總體的分佈。

　　上述的樞紐區和前面所提的預設模式網路之重要神經基質幾乎都相同，有些區域同時也與注意力網路（本書中未討論）重疊。這些重要的樞紐性認知處理器就像路由器一般，具有匯流及分佈訊息的功能，並與位於不同人腦區域數以百萬計之巨量GNW神經元相關聯。通過這些GNW神經元，訊息可以被放大、維持，並提供給專門的感覺處理器和丘腦與皮質迴路，以進行編碼及處理。藉此，分佈式的訊息流所形成的意識，能和注意力[31]及工作記憶等關鍵性認知功能相互關聯[25, 29]。這些樞紐結構彼此間功能不盡相同也不冗餘，每個區域都有自己功能的特異性和連接模式，但它們彼此之間的通訊既廣泛又快速，方便每個局部性處理器的任何訊息能很快就被其他局部性處理器取用。

　　預設模式網路的神經樞紐基質，能夠接收從諸多遠處腦區投射而來的多項資訊，也能將資訊投射回原本腦區，這種雙向的聯結使得GNW神經元能夠整合跨越空間和時間的資訊[25]。因此，局部認知處理器可以從下往上匯聚資訊，而整合為單一且一致的詮釋，傳至總體的神經元工作空間。神經元工作空間也會反向影響原本或其他的局部認知處理器，形成從上往下的神經調節。整個神經資訊的處理既是分化又是整合，為意識狀態的出現創造了條件[25, 29]。其中點火

31.Nani, A., et al. (2019). The neural correlates of consciousness and attention: Two sister processes of the brain. *Frontiers in Neuroscience*, 13, 1169.

的神經機轉在緊密的雙向連接中，會觸發突然的大規模集體的，既迴盪又協調的神經活動，進行廣泛傳播的詮釋，並且再重入局部認知處理器，而造就了我們的意識[27]。

## 意識的時空理論

過去二十多年腦神經造影技術不斷地蓬勃發展，人腦與心智研究的主流科學，利用生理學或心理學各類型的刺激實驗，去研究人腦的誘發反應，或利用心理學的認知與情緒作業，去探究腦中相應的腦功能區及神經迴路。但是上述的總體工作空間理論與總體神經元工作空間模型，都只能模擬及論述單一個體的自我意識，對於人與人、人與環境、人與世界的關係及互動下的社會腦，與社會神經科學所討論的人與社會、人與自然的延展心靈與意識的概念，則未能涵蓋。「延展心靈論題」主張思想、身體和環境與世界是不可分的。由於環境在人的認知發展過程中有不可或缺的作用，心靈和環境的耦合，方能成就一個完整的認知系統。在這種概念下，人的思想、認知、意識與心靈可以擴展延伸到物理世界，心靈並不只局限在人腦內[32, 33]。

針對這個課題，加拿大的格奧爾格・諾赫夫教授則提出一個關於意識的非常前瞻且極具包容性的統一論：「意識時空理論」（temporo-spatial theory of consciousness，通稱為TTC）[2, 34-36]。

32.Clark, A. (2008). *Supersizing the mind: Embodiment, action, and cognitive extension*. Oxford University Press.

33.Clark, A. and Chalmers, D. (1998). The extended mind. *Analysis*, 58(1), 7-19.

「意識時空理論」又稱為「意識的空時模型」（spatio-temporal model of consciousness，通稱為STC），這裡的「時空」與「空時」，並非指對物理時間與物理空間的知覺或認知，而是從物理與數學的方法，去建構腦部神經動力學的「時間域」與「空間域」特徵。意識時空理論認為人腦是一個複雜系統，可用物理及數學的理論去建構人腦在靜息狀態下，其自發性神經活性的時間序列上之時間域特徵，同時架構腦部神經網路聯結在空間域的型態。該理論認為腦部神經動力學時空域的系統性建構，是意識的實體，亦即「以時空建構為本體結構之實在論」[36]。

以物理與數學為本的意識時空理論，既不形上學，更不玄學，因此他將之稱為神經科學與哲學的哥白尼革命，其中的多樣分析參數與係數（如時空嵌套；見下文「意識時空理論有關意識的神經機制」）可以反映意識內容的豐富度。而異常的時空建構，則可與臨床的症狀相對應，例如：躁鬱症、思覺失調症、憂鬱症、焦慮症、意識障礙等疾病之症狀學上的特質表現。這些都經由一系列功能性神經造影的研究而逐一得到證實[3, 34-36]。

### 意識時空理論的公理

意識時空理論有幾個關於神經科學的先驗性基本公理主張：

---

34.Northoff, G. (2013). *Unlocking the brain: Volume 1*: Coding. Oxford University Press.

35.Northoff, G. (2013). *Unlocking the brain: Volume 2*: Consciousness. Oxford University Press.

36.Northoff, G. (2018). *The spontaneous brain: From the mind-body to the world-brain problem*. MIT Press.

公理一：意識是由時間域和空間域的建構所定義

　　意識時空理論將意識定義為由特定的時空建構所形塑。這個特殊的時空建構在大腦自發活動的神經動力學中不斷地構建，且與意識內容中的對象和事件「糾纏」在一起，這與當代量子物理學中的糾纏觀點相契合[36, 37]。

公理二：意識需要特定的以差異為基礎之神經編碼

　　意識時空理論認為可以經由總結對不同的離散時間和空間點之間的隨機關係與狀態差異，來編碼人腦的自發活動，其中「以差異為基礎的編碼策略」是意識能發生的必要條件[34, 35]。

公理三：意識是一種跨範疇特徵的非線性過渡或轉換的生物現象

　　意識時空理論主張，意識的產生是從神經狀態過渡或轉換到意識狀態的生物現象。大腦自發活動的時空建構，提供適當的背景脈絡作為意識基礎，以處理來自身體和世界的刺激。如果脈絡改變，則神經狀態與意識狀態就跟著轉換。另一方面，人腦因刺激而誘發的整體神經狀態，則會經由跨範疇的轉換，成為心靈的現象狀態而產生意識。這種跨範疇的過渡與轉換，是以非線性的方式來運作[38]，可以經由數學的「範疇論」中的「自然變換」[39]來完成。

37.Northoff, G. and Huang, Z. (2017). How do the brain's time and space mediate consciousness and its different dimensions? Temporo-spatial theory of consciousness (TTC). *Neuroscience & Biobehavioral Reviews*, 80, 630-645.

38.Northoff, G., et al. (2010). Rest-stimulus interaction in the brain: A review. *Trends in Neurosciences*, 33(6), 277-284.

39.https://en.wikipedia.org/wiki/Natural_transformation

公理四：意識是由經驗及其現象特徵來描繪

意識可以用心靈性（將意識與思想聯繫起來的哲學）、現象性（特定的經驗特徵）、資訊性（資訊的處理）及認知性（特定的認知功能）的特點與意涵來描繪，包括「它是什麼樣的」感質，以及其他特徵如統一性、意向性、自我視角的組織、自我的真實性及內在的時空知覺。意識時空理論主張，這些意識現象特徵的本體是人腦的時空建構特徵。也因此意識現象特徵，基本上就等同於人腦神經時空域特徵，它受到人腦自發活動中的時空建構及來自身體和世界的刺激所調節[2, 35]。

### 意識時空理論有關意識的神經機制

意識如同心智，有內容也有脈絡，人腦神經活動在時空建構上也有不同的功能性神經關聯，分別表徵複雜的意識脈絡與意識內容。意識的結構性神經關聯，意謂與意識相關的神經基質（腦區與神經核等）。本章的討論，以功能性神經關聯為主。舉例說明，桌子上的一顆蘋果是我們意識的主題內容，而蘋果所在的背景與環境（晚上飯店裡的長型四人餐桌上）則為蘋果的脈絡。

意識有四個向度：水平（意識的狀態）、內容（意識的形式與結構）、現象性（意識的感質與主觀經驗）及認知性（意識的述說）[35-37]。基於人腦活性其神經動力學時空構建的不同，意識時空理論將意識生成所息息相關的神經機制，從底層意識到具有現象性經驗且能陳述意識內容的高層認知，分成五種：

1. 時空嵌套（temporo-spatial nestedness）：

嵌套是一個物理與數學的名詞，意味著事物是以自我的相似性來互相關聯。小的時空尺度有一個內部穩定的結構，跟放大拉長後的時空建構會有一致性。時空嵌套描述了人腦的神經活動如何在時空域中，以自相似或碎形的建構方式來相互關聯，並可利用無尺度或乘冪定律的數學模型來描繪其相關參數。神經活動表現出的自我相似性，就像俄羅斯娃娃，雖然大小不同，但是形狀特質相似。人腦自發活動其神經動力學的時空嵌套程度，與意識水平或狀態（如整體神智的清醒程度）有關，因此時空嵌套是覺知意識生成前的神經前置（neural predisposition）[2, 40]，是意識的鷹架；但尚未具備現象性意識。

2. 時空調校（temporo-spatial alignment）：

人腦的神經活動，會不斷地依據外在特定或隨機發生的刺激，而調校彼此間的時空建構達到一致。例如，分別以10Hz及20Hz閃爍頻率的光線刺激眼睛（外在世界刺激的時空建構），腦部視覺皮質區當下就會分別產生10Hz及20Hz的誘發反應（腦部神經活動的時空建構）。人腦經由此時空調校的機制，透過神經元活動的編碼，將來自身體和世界的刺激與訊息，轉換成為意識的內容。時空調校，將意識置於身體和世界的更大時空脈絡中。這種調校連接了世界與腦的關係，以及身體與腦的關係，透過時空建構的表徵而轉化成意識的內容、形式與結構。時空調校因此被認為是比

40. Northoff, G. (2013). What the brain's intrinsic activity can tell us about consciousness? A tri-dimensional view. *Neuroscience & Biobehavioral Reviews*, 37(4), 726-738.

神經前置更高一階的意識生成之神經關聯[35-37]。

3. 時空結合與時空整合（temporo-spatial binding and integration）：
   來自人腦的自發活動、身體內感受的、或世界外感受的種種刺激
   與訊息，會根據時空域中的種種建構而在人腦中的相關功能區匯
   合處理，稱為「時空結合」。這種時空結合允許人腦從單一刺激
   中的不同性質（如一個圖片中物件的線條、顏色、形狀、大小、
   明亮等物理屬性）來構建內容（如這個物件的整體知覺）。另一
   方面，神經元的時空結合發生在大腦的特定局部區域和自發活動
   的腦波頻率中，若被廣泛傳播到人腦的其他部分，再經「時空整
   合」帶動全腦更廣域地整合不同刺激的內容，就能在更大的時空
   脈絡中去集成更多的內涵。再舉前面桌子上的蘋果為例，蘋果本
   身的多種物理屬性（如色澤、大小、形狀、氣味等）分別在不同
   的相關腦區進行處理，然後經過時空結合形成一個蘋果的完整體
   驗內涵。而蘋果本身所處的各種環境背景元素（如晚上、飯店、
   長型四人餐桌等）則經過時空整合而形成意識內容相關的脈絡。
   時空結合是處理意識的內容，而時空整合是處理意識的脈絡。經
   由神經關聯的時空整合在底部提供相關意識內容的脈絡，我們便
   能透過時空結合來更鮮明地經驗到意識內容[35-37]，進而得到一個完
   整的意識內涵。

4. 時空擴展（temporo-spatial expansion）：
   具有現象性特徵的主觀經驗是意識的核心，也是意識最神秘的特
   徵之一。意識的現象性特徵，超越了刺激所引起的神經活動與其

所含的神經訊息。意識時空理論主張這種「超越」是由人腦及其自發活動自行「添加」的：放大及擴展處理刺激相關腦區侷限的時空建構變動範圍，稱為「時空擴展」[36, 38]，透過腦部靜息態的神經活動時空建構與刺激引發的神經活動時空建構兩者間的非線性互動，而造就現象性經驗。換言之，只有外在刺激所誘發的腦部活性的變化，並不足以產生現象性意識，必須有適當的腦部自發性活動的加成，才會產生現象性的主觀經驗。由於時空擴展的方式與程度，直接對應意識的現象性特徵：感質、意向性、統一性等，因此時空擴展為現象性意識特徵的神經關聯[36, 38]。

5.時空的總體化（temporo-spatial globalization）：

對一項經驗的「覺察」（如：感覺到疼痛）不一定會伴隨對該經驗的「覺知」（如：我意識到我感到疼痛）。「覺知」與「述說」等認知性特徵，涉及與現象性特徵不同的歷程。意識的認知性特徵與廣域傳播的時空域特徵息息相關，腦造影研究發現前額葉及頂葉皮質間之廣域傳播及功能耦合，是認知性意識特徵的重要神經表徵[41, 42]。如同前述「總體神經元工作空間模型」所提出的廣域傳播機制，腦部神經資訊的總體化時空建構，即是認知性意識特徵之神經關聯[2, 36]。

意識時空理論基於上述層層機制所衍生出的身、腦、心與世界

41.Dehaene, S., et al. (2014). Toward a computational theory of conscious processing. *Current Opinion in Neurobiology*, 25, 76-84.

42.Dehaene, S., et al. (2017). What is consciousness, and could machines have it? *Science*, 358(6362), 486-492.

之「神經與生態連續性」的思維，以及主張「人腦與環境／世界」的互相包含、攝入實為一體之意識論述，與中國自古以來，天、地、人一體互相關聯，而且人必須與自然及環境和諧之哲學思想相符合。同時也與莊子的「齊物哲學」中，強調人與自然萬物間齊一關係而歸本於道，以及對時間與空間沿流不切割為離散性點狀事件的思維，個中的旨趣亦相呼應。在諾赫夫教授的論述下，「世界與腦」的問題如同「意識與腦」的問題，都是屬於時空域本體論範疇，世界與腦兩者都服膺一樣的時空域物理律，而傳統的「心與身問題」是形上學的問題，兩者糾纏不已難以釐清。意識時空理論不存在「心與身」及「心與腦」的一元或二元問題，意識與腦的問題可在更廣大的世界與腦的概念下，以時空域特徵為本體結構實在論之視角來詮釋及演繹。

物理世界與環境中，許多現象都是以「波」為基底的不同時空建構，來呈現、傳遞與關聯互動，人腦的神經動力學基本上也是以「波」為基底的時空建構，世界與腦遵循共同的波動力學理論。諾赫夫教授認為人工智能的理想發展，應以協助我們彼此與世界之時空建構的和諧一致為目標。從腦、自我，到環境、文化、社會及世界，都遵循著一樣的時空域規律，如果彼此都能互相調校到對齊一致，就能成就一種和諧與健康的心靈狀態。尤其在醫療用途的人工智能的開發上，更應以協助精神病患或身心靈受創的人，回復腦與世界兩者時空建構間的和諧一致為終極目標，從而恢復患者的正常與健康。

有趣的是，按照意識時空理論本體結構實在論的論述，若環境與世界具備與人腦同樣的時空建構表徵，同時彼此間也能調校對齊一致，這種秩序的形成，難免會引發一種遐想：是否環境、世界乃至宇宙，也是具有不等複雜程度及內涵的意識。這樣的思維發展，也就必然觸及「泛心論」的議題（見第七章）。

## 意識時空理論的困難問題

　　只是意識時空理論如同目前許多腦與意識理論的論述模式，有些基本問題仍難以克服，僅列舉數項如下：

1. 心靈意識哲學家戴維‧查爾莫斯（David Chalmers, 1966-）提出了一道「意識難題」，探討神經電生理與生化活動如何能夠產生我們心靈的種種覺知感受之現象性經驗或感質。此項意識難題，基本上目前仍然無解。只是，意識時空理論巧妙地跳開心物或心腦一元或二元本體論的糾結問題，以時空建構與神經關聯取而代之成為意識與人腦的運作本體，問題轉而變為時空建構如何成就現象性的感質與心智的經驗。然而，這些時空建構也可能只是一個意識與腦袋運作時，頭腦處理及編碼事件經驗的神經動力學表觀現象，畢竟意識時空理論是立基於幾個先驗的預設公理之上，如跨範疇的轉換。

2. 意識時空理論難以解釋單純的心靈訓練，如冥想禪坐與正念禪定等，所帶來的腦結構及腦功能上的變化。其中最癥結的是如何解釋僅僅單純的長期心念操弄，就能影響腦部非意識的神經

電生理與神經生化反應，繼而影響腦神經結構性與功能性的形塑，如腦灰質變厚、神經網路活性的改變、及功能性神經聯結的改變。

3. 意識時空理論無法解釋解離性身份障礙症的問題，因為解離性身份障礙症患者所分裂出的人格包羅萬象，可以呈現不同的年齡、性別、種族，乃至其他物種，各個人格間可以互相獨立及穩定地各自完整發展，並擁有各自的性格、情緒、記憶與思考模式。不同人格之間，可以互相不察覺彼此的存在，而導致「遺失時間或記憶斷層」的現象，但也可能以「意識並存」的狀態，而知道彼此的存在，並能進行多種身份相互間的溝通。現代腦造影科技研究指出，這些相異的人格系統分別出現時，其各自的腦部神經活性並不相同。解離性身份障礙症中分裂人格的出現，並非導因於暗示、幻想或角色扮演等刻意作為，因為這些刻意作為其腦神經活性的表現型態，與解離性身份障礙發作是不一樣的。意識時空理論雖然能夠以神經動力學的時空建構異常，來解釋思覺失調症、重度憂鬱症及麻醉下的多種變異意識狀態，但是卻無法解釋一個腦袋如何能夠出現各種獨立、又相異身份的人格神經動力學的時空建構，來呼應解離性身份障礙症中的不同身份人格內涵與意識經驗內容。

## 唯物論腦科學的省思

### 現代科學典範的反思

現代科學的典範是建立於唯物論的科學方法上。這套方法有四

個步驟[43]：

    1.觀察、收集數據與訊息

    2.建構理論以解釋數據，通常是一套數學公式或模型

    3.利用這個公式或模型來計算、推演及預測能夠觀察到的數據

    4.透過實驗及觀察，來比對預測的數據與實際的結果是否吻合

如果在統計學的信賴度與容許誤差之內，預測的數據與實際實驗或觀察所得的數據能夠吻合，則第二步驟所建立的理論就能被認定是「科學的」，能夠「正確」地反映「真實客觀實在」的本質。若未能吻合，則該理論未能反映客觀實在，就需要再繼續修正，這是標準的科學規範[44]。

現代科學的信念是建立在唯物論的知識論思想上，認為不受研究者主觀意識與意志所影響的科學律與「客觀存在的真實知識」是存在的。科學知識具有真實性、統一性及確定性，科學律是獨立於研究者的意念與思想之外[44]。基本上，這套科學方法相當於哲學中的邏輯實證主義：第二及第三步驟屬於邏輯的論述，第一及第四步驟則屬於實證的部分[43]。

近年來功能性神經造影的技術為我們提供了一個新的探索視野，可以直接探測人腦的活動，不需要受試者的陳述，就可以從大

---

43.丁一夫、李江琳（2018）。*智慧之海：達賴喇嘛與當代科學家的對話*。聯經出版。

44.McIntyre, L. (2019). *The scientific attitude: Defending science from denial, fraud, and pseudoscience*. MIT Press. 《科學態度：對抗陰謀論、欺詐，並與偽科學劃清界線的科學素養》。王惟芬譯。2021年國立陽明交通大學出版社出版。

尺度神經網路觀察其神經動力學訊號的變化，了解神經資訊的處理與意識心像的建構歷程。但是這種科技或科學的客觀性度量，卻無法了解受試者主觀心路歷程的實際內容。這套第三人稱視角採擇的度量性科學典範，用在第一人稱體驗式的心靈與意識經驗的探究上，顯然在方法學上難以周全，也有所不及。雖然都經歷他證與自證的「實證」過程，但兩者實證的性質完全不同，實證的內涵也不同。

## 唯物論腦科學觀的適用性

由於人腦結構與心智認知功能的對應相當清楚，尤其腦傷病患的心智及身體障礙對應受傷腦部的功能損害，其間的關聯與對應很明確，目前所有腦科學的意識理論其基本精神是唯物論的基調（包括前述的總體神經工作空間模型與意識時空理論），相信物理世界是最根本真實的存在，所以普遍認為心智與意識的現象是腦部神經活動的性質與結果。而精神疾病伴隨著人腦神經生化的失序，理論上可以透過精神病神經生物學與精神藥理學的方式來治療與改善。

神經生物學認為意識不能獨立於物質形式的人腦而存在。記憶是人腦自我組織的功能表現，而認知能力則有賴於各腦區的組織與互動方式而展現[45, 46]。若說意識是由人腦神經元活動的複雜機制所產生，且意識是發生於人腦之中，並不為過。又因為人腦有自發不同

45.Bickle, J. (2007). *Who says you can't do a molecular biology of consciousness*. Oxford: Blackwell Publishers.

46.Churchland, P. S. (2002). *Brain-wise: Studies in neurophilosophy*. MIT press.

狀態的變動，如清醒、做夢狀態、深眠狀態等，因此也就會有相應不同的心智或心靈狀態，以及意識的變異狀態。以此觀之，人腦可以說是意識之通關鑰匙。

## 水腦症的困惑

臨床上的水腦症，部分的病因是腦脊髓液運行路徑阻塞所致。醫學文獻上有一些生活表現正常的案例，因為其他原因接受腦部電腦斷層或磁振造影檢查後，意外發現他們罹患嚴重水腦症。這些患者的腦影像檢查顯示，他們的腦袋，幾乎被極度擴大且充滿腦脊髓液的腦室所佔滿，其可辨識的殘餘腦神經組織只剩下約正常人的5%或甚至更少。這些患者的智商經檢定結果發現，從低於正常的到超越正常的都有[47,48]。除了腦神經組織極少外，這群病患的白質神經束[49,50]及預設模式網路[51]，都有不同程度的損傷及異常。

雖然臨床醫師或腦科學家，大致上都會以令人難以信服的「神經可塑性」、「代償機制」或「人腦有冗餘的神經組織」，來解釋

---

47. Lewin, R. (1980). Is your brain really necessary? *Science*, 210(4475), 1232-1234.

48. Feuillet, L., et al. (2007). Brain of a white-collar worker. *Lancet*, 370(9583), 262.

49. Kamiya, K., et al. (2017). Diffusion imaging of reversible and irreversible microstructural changes within the corticospinal tract in idiopathic normal pressure hydrocephalus. Neuroimage: *Clinical*, 14, 663-671.

50. Younes, K., et al. (2019). Diffusion tensor imaging of the superior thalamic radiation and cerebrospinal fluid distribution in idiopathic normal pressure hydrocephalus. *Journal of Neuroimaging*, 29(2), 242-251.

51. Kanno, S., et al. (2021). Reduced default mode network connectivity relative to white matter integrity is associated with poor cognitive outcomes in patients with idiopathic normal pressure hydrocephalus. *BMC Neurology*, 21(1), 353.

這些水腦症病患中某些人的「約當正常」或「高心智功能」狀態。但是，我們對神經可塑性在這類病患腦袋的代價功效與限度，及神經可塑性如何造就其正常的意識與認知功能的運作，並無任何概念[52]。就如同醫學界、心理學及宗教學界，常將各種靈附現象下的意識異常歸因於進入「恍惚狀態」一般，醫學界對這些水腦症患者腦組織所剩無幾但意識正常的狀況，在冠以驚人的「神經可塑性的有效代價」後，也就不再或難以繼續深入探索。

由於這類患者的整體腦袋大小及殘餘的腦組織量，與其臨床表現及智力高低並未有統計上的相關[53]，因此有一派學者則提出，除非我們能找到人腦中，有目前醫學與神經科學所未知的極小神經基質，能夠儲存巨量的記憶與知識，否則我們無法排除「人類記憶能儲存於腦袋外的不明設施」或「神經訊息能於雲端計算」的假設[52]。

這就衍生了一個問題：意識的終極運作，需要多少腦袋的組織？抑或需要腦袋嗎？[47]

## 器官移植與細胞記憶

各種器官移植手術盛行後，一直有陸續的報導，發現有少數的器官受贈者，突然或逐漸地表現出捐贈者的人格特徵。雖然人格與性格的改變，都曾發生在不同器官的移植案例中，不過心臟移植手

52. Forsdyke, D. R. (2015). Wittgenstein's certainty is uncertain: Brain scans of cured hydrocephalics challenge cherished assumptions. *Biological Theory,* 10(4), 336-342.
53. Forsdyke, D. R. (2014). Long-term memory: scaling of information to brain size. *Frontiers in Human Neuroscience,* 8, 397.

術的案例被報導的似乎較多[54]。這些器官受贈者的人格變化，目前大致被分為四類：對生活事物偏好的變化、情緒與氣質的變化、人格身份的改變，以及出現捐贈者生前生活中的記憶。對於器官受贈者呈現捐贈者的人格特徵與性格的現象，目前被學者提出的可能假說之一，是透過「細胞記憶」轉移而發生的[55]。

在「細胞記憶」的假說中，有四種類型的細胞記憶被提出：表觀遺傳記憶、DNA記憶、RNA記憶，以及蛋白質記憶。其他可能性還包括：捐贈者其心臟內的神經記憶，以及不知形式能量的轉移記憶[55]。在無法解釋這些確鑿的人格變化現象之下，不同學者及醫師所提出的這些假說，本質上都只是臆測，尚無法證實。因此，「細胞記憶」假說，基本上與「神經可塑性的有效代償」假說及「恍惚狀態」假說一樣，都是將特殊且難以解釋的意識現象，標記以一個「物化」的神經科學或心理學名詞當作權宜的解釋與說明，但卻無明確的內涵與證據。

是否還有其他未究竟的形上學原因，可以為器官移植後的人格變化，提供另一種合理的解釋？

## 不存在能獨立於意識之外的絕對客觀性真實

值得一提的是，近代的量子物理科學又發現，並不存在一個能

54.Pearsall, P., et al. (2000). Changes in heart transplant recipients that parallel the personalities of their donors. *Integrative Medicine*, 2(2), 65-72.

55.Liester, M. B. (2020). Personality changes following heart transplantation: The role of cellular memory. *Medical Hypotheses*, 135, 109468.

夠獨立於研究者與觀測者意識之外的絕對客觀性的真實。光的波與粒子的二象性,是任何微觀粒子的自然互補性,但是光的本體究竟是以波或粒子的形式出現,取決於觀測者意識的作為與最終採用的度量方式。大自然本質的呈現與所謂客觀的科學實驗結果,意識是有實質的介入,並且影響了最終的詮釋。因此科學本身作為一種理想中完全客觀的真實知識體系,基本上無法排除人的主觀意識作用於客觀知識之外。換言之,對宇宙與世界之絕對客觀而獨立的真實知識並不存在。

此外,目前的科學典範與科學方法,藉由參數操弄與實驗觀察的結果,所建構的理論與模型本身,也一樣無法排除主觀意識的潛在影響。即令是當今探討人類意識與心智認知非常重要的腦影像學研究,都會涉及不同處理參數與統計模型的主觀選擇,對最終結果與詮釋都會有所影響。

意識除了對方法學的處理有影響外,個體間極大的認知處理與策略的差異性,也會造成從經典「群組研究」實驗典範所得到的腦神經造影結果與科學性結論,未能充分適用於「個體研究」的實驗結果,這是一個統計學上的基本道理。因此,第一人稱神經科學在意識研究與心靈神經科學的實作,及一個開放性知識體系的建立(請參考陳思廷教授在序文中所提:「開放的因果結構」與「科學整體論」立場),就更顯重要。

雖然當今之龐大科學知識系統對大自然與世界,甚至人類自身

認知功能各種現象的解釋與預測，已有很高的了解與正確性，但也不是絕對客觀與絕對真實，因為都具有先天上的不確定性成分。也因此，理論與模型「被證偽」的歷程，也就反映了新現象與新事證無法被既有的知識與理論模型所解釋，那麼也就有修正的必要。我們若能認清這個科學建構歷程的事實，也就能掙脫知識障的束縛，不斷提升我們對宇宙、世界及生命的認識與了解。

此刻，我們面對的一個新問題就是：腦，真的是意識的實體嗎？抑或腦只是意識的介面，用來編輯、解碼及傳遞來自物理的世界自身與另一個非物理的世界（暫時稱為靈界）之間雙向運作的訊息？

## 意識能否獨立於腦與肉體而存在

物理結構與作為，從簡單至複雜，物理的力、場、能量，有可見與不可見、可感與不可感、有可測及不可測（如暗物質與暗能量），量子糾纏現象更能不受時空的束縛以超越光速的方式，在遙遠的兩地即時呈現。意識作為主觀的經驗，從佛家思想而言有粗細之分（參閱《成唯識論》），從神經生物學而言有多尺度[56]及多層次[57]的概念，其中有多種層次內與層次間的超越自身結構與系統的突

56. Betzel, R. F. and Bassett, D. S. (2017). Multi-scale brain networks. *Neuroimage*, 160, 73-83.

57. Gazzaniga, M. (2013). Understanding layers: From neuroscience to human responsibility, in *Neurosciences and the human person: New perspectives on human activities*, A. Battro, et al., Editors. Vatican: Pontifical Academy of Sciences. 1-14.

現特質與自行組織的現象。既然物理作用能夠突現出化學作用,化學作用能夠突現出生物與生命現象,生物的演進能夠突現出心靈現象,何以我們只能狹隘地認定與接受,不同內涵的意識一定都必須依賴物質與肉體才能存在與作用?「瀕死體驗」就是一個目前各種科學與醫學理論仍然無法充分解釋的真實現象。

下一章所討論之有關靈附的種種意識變異現象,以及J氏靈療的不可思議處理,促使我們必須跳脫科學唯物主義腦科學的框架,而以截然不同的科學與哲學的思維及更開放的視野,重新檢視意識的形上學以及其真實性。

第 五 章

**附靈對個體意識的入侵**

## 神經現象學看意識的變異

　　本章各節的討論，是以「神經現象學」的精神與視角，來分析靈療中附靈對被附者的意識傾軋多樣現象，並嘗試以現代腦科學與心智科學的系統知識，來詮釋與討論。神經現象學是一種結合現象學與神經科學，以務實的方式，探討並解決意識難題的科學研究思路，強調在「具身化」[1]的意識經驗與神經科學的基礎上，進行對人類心靈、經驗和意識的研究[2, 3]。

　　「具身化」的意涵，簡單來說就是：身體並不只是腦的一個輸出裝置而已，身體也是意識的構成中，一個重要的輸入單位。我們的心智不是局限在腦中，它是具身於整個人體中，而人體則根植於環境中。因此概念上意識是有延展性，且是透過行動所促發的生成來完成體驗的。第一人稱視角的現象學指出，我們的身、腦與心靈是互攝且互涉的，第三人稱視角的現代神經科學則更進一步證實，心靈與意識的狀態會影響腦部的電生化功能與結構，反之腦部電生化功能與結構的改變，也會影響一個人的心靈與意識狀態。在科學化的「中性一元論」心靈哲學的勾勒下，心靈與腦是意識命題的雙屬性，一般正常情形下我們大都是處在心靈與腦「同構」的狀態（同構：意指心靈與物理兩種不同性質的狀態間，存在一個對應的

1. Longo, M. R., et al. (2008). What is embodiment? A psychometric approach. *Cognition*, 107(3), 978-998.

2. Lutz, A. (2007). Neurophenomenology and the study of self-consciousness. *Consciousness and Cognition*, 16(3), 765-767.

3. Rudrauf, D., et al. (2003). From autopoiesis to neurophenomenology: Francisco Varela's exploration of the biophysics of being. *Biological Research*, 36(1), 27-65.

秩序）。「心腦關聯」的思維認為人類心靈與人腦間的狀態和處理是同一的，心智狀態與人腦的神經處理過程，兩者間有雙向的對應關係。但是，這個目前腦科學與臨床神經精神醫學領域中默契式的共同圭臬，卻被靈附現象與J氏靈療給顛覆了。

## 附靈入侵下之五種意識變異狀態

　　J氏靈療中被靈附的受治者其意識的變化，完全不是自我誘導、自我催眠、被暗示、被催眠或刻意展演出來的。這與許多薩滿或乩童為了社會性因素（問事或辦事）及醫療目的，而自我誘導進入薩滿性恍惚狀態完全不同。

　　我看過許多案例，被靈附的求治者猶在講話描述其近況時，J老師的手一上去求治者的腦袋，附靈就一瞬間示現。附靈示現時，被附者的意識會出現幾種明確的變異狀態。這些狀態，有的被附者在靈療前的日常生活中就已持續存在、或間歇發生過、或未曾出現過，會依個人與附靈的情況而定，也會隨著個人靈療的狀況與進展，而在不同狀態間呈現光譜式的動態變化。J老師與附靈間之應對難以想像，經常是以念力直接溝通處理，當下瞬間就明瞭狀況，之後將另有專書說明討論，不在此細談。

　　在J氏靈療的當下，依照被附的受治者當事人對自己身體所有權與自主權的變化，與被附者當事人意識變異之深淺程度，大致可分成五種等級之「附靈入侵下之意識變異狀態」：

第一種、受治者僅有肉體上的不適或情緒上的過度反應，其意識完全清楚，靈療時附靈（們）尚未示現，受治者當事人有時甚至不知自己已被靈附。

第二種、受治者意識完全清楚，靈療時會出現無法自主的心念、動作或情緒反應，自己無法了解原因。受治者或可以感覺到有附靈的存在，但無法與之溝通。

第三種、受治者意識清楚，靈療時受治者可以感覺到也知道附靈（們）的存在，兩者或可以用心念、或語言來進行部分的直接對話。身體一部分或全部被附靈佔據，其言語、動作、表情、情緒、念頭等有時是當事人維持著自主權的表達，有時則是不由自主地分別由附靈（們）所掌控。而不同人格身份的意識表現，在人與附靈（們）之間交替出現，被附者當事人的意識並未受到壓縮，能保有身體的所有權，但身體的自主權則是時有時無，自主權在受治者當事人自己及附靈中來回交替，附靈或會於靈療中訴說因果，並且責罵受治者。

第四種、受治者當事人的意識仍存在，但其意識經常被附靈（們）壓縮到一個無形的小角落，思維、言語、情緒及動作已然無法自主，身體完全被附靈（們）掌控，受治者當事人完全清楚整個過程，但無能為力。身體自主權已從當事人全部轉由附靈所掌控，宛若整個身體已然換了一個駕馭者，透過身體與外在物理世界互動的是另一個靈魂意識體。被附者當事人通常保有身體所有權，但自主權則幾乎完全失去，附靈通常會於靈療中充分訴說因果，並痛罵受治者。

第五種、受治者當事人的意識完全被截斷而消失，這時的意識、
　　　　思維、感情、行為動作等，整個示現的人格身份實質上全
　　　　部都已是附靈（們）的，已無一絲被附者原來人格身份的
　　　　正常表現。附靈（們）若暫時主動退去，或是因為靈療的
　　　　力量而不得不退去後，被附者才會即時回復原來對自我身
　　　　體的掌控，但是完全不知道、也不記得前一刻發生的事。

　　這些多端的變異狀態，其轉換過程可以是逐漸過渡的，但更多
時候當事人的身體被異次元的意識體或靈魂所佔用，卻是在剎那間
就轉換，並非被附者當事人其個人主體意識所能恣意控制，更無人
為或他力的暗示與催眠。

　　上述分類並未能究竟所有異常意識的光譜，但這五種「附靈入
侵下之意識變異狀態」，實已觸及意識科學、神經精神醫學與心靈
哲學中非常重要的幾個共同核心課題：「自我意識」、「人格身
份」、「意向思想與行動的執行主體」、「身體的所有權」、「動
作控制」、「時空導覽」、「記憶」及「自由意志」。

　　被外靈附身，對許多求治者而言，常是處在前述第一種或第二
種「附靈入侵下之意識變異狀態」，當事人有的或許自己不知道，
有的或能感覺身上有非己之存在。而附靈示現時，受治者的自我
意識可以從完全清楚、能覺知、能有意志的控制自己身體的意識狀
態，然後電光石火般地快速進入到能覺知「出現」自己無法掌控
的意念、情緒與行為的第三與第四種「附靈入侵下之意識變異狀

態」，以迄自我意識完全與身體隔絕，如在全身麻醉一般失去自我意識，進入腦袋與身體完全被劫奪的第五種「附靈入侵下之意識變異狀態」。第五種意識變異狀態，不是睡眠狀態，不是類睡症的夢遊狀態，不是昏迷狀態，不是催眠狀態、不是乩童的恍惚狀態，更不是身份障礙症的解離狀態，這是最難理解的意識變異狀態。受治者當事人甚至可以從完全正常的狀態，不經過中間的各種意識變異狀態，瞬間就直接進入第五種的「附靈入侵之意識變異狀態」。這種附靈入侵導致意識變異的過渡歷程，非常難以想像。

事實上，有些受治者接受靈療時，在有意識的狀態下，能清楚地分辨他我，能區分體內有多個不同的意識體存在，且知道這不是自己的意識（不是我）。換言之，有不同人格身份的靈魂，以外靈異體的方式存在他（她）的身體，被附者有知覺、身體也有感應。

## 人格身份的轉變

「人格」，又稱為性格，指人類心理特徵整合的統一呈現，是一個相對穩定的心理組織結構。「身份」則是一個人自我建構的整體，是當下對自我的詮釋方式，連接了過去建構的自我與未來期望建構的自我，表徵了一個人的社會地位、社會角色與自我概念的混合關係。

J老師有許多案例，當處於第四種與第五種「附靈入侵下之意識變異狀態」時，示現的附靈可以為數眾多，可從個位數到上百，甚至更多的人格身份，且各具人格與不同性格、性別、語言、動

作、行為舉止及其他等特質。有些案例，附靈（們）還會報出附靈（們）自己的名字。

　　有別於精神醫學上有身心創傷病史的解離性身份障礙症患者，我所觀察到的J氏靈療案例，絕大多數都無童年被虐或創傷經驗，也無腦部疾病史，卻是突然發生解離，或在參訪某些宮廟、寺院、教堂或特殊地點後出現解離，或在接受某些宗教儀式灌頂加持後出現解離，或其變異身份出現無數不同種類的動物，甚或混雜出現人與動物。更有甚者，當事人可能出現不可思議之超心理學或特異功能現象，如：能預知未來、能預感地震、出現通靈能力、出現自發功、能從無形界下載信息，或突然獲得音樂、繪畫或其他藝術能力，突然能夠講他界或異國的語言等等，現代醫學對這類人及現象的了解與治療，仍是束手無策，只能冠上「解離狀態」、「歇斯底里」、「出神」或「恍惚」的診斷，或最終歸因於患者大腦顳葉活動的異常。其實，臨床上的解離性身份障礙症，實難排除「病態型靈附」是病因之一。

　　針對解離性身份障礙症的腦科學研究與詮釋，其困難度極高，目前國際上只有極少數的團隊開始在研究，尚在萌芽階段。有一項全腦腦電圖的研究指出，解離性身份障礙症變異人格、解離性身份障礙症的主體、正常健康人、及健康人模擬變異人格之表演狀態等，這些不同的狀態各有不同的腦波神經動力學樣態。研究發現變異人格出現時的腦波，與患者較正常的主體身份及健康人的腦波神經動力學，有顯著的差異[4]。

另有一項利用灌流磁振造影技術的跨國研究顯示，解離人格中的情緒人格部分（變異人格）與明顯正常的人格部分（主體），兩者會出現完全不同的腦血流樣態（即腦部神經活性樣態）。變異人格出現時，自我參照神經網路腦區的神經活性較高。而當正常主體出現時，則視丘的神經活性較高[5]。該項腦造影研究指出，有童年創傷歷史之解離性身份障礙症患者，其不同人格間有不同的心智狀態，且各自相應有截然不同的腦部神經活性樣態。雖然研究者並未深入探討意識問題，但清楚確認這群解離性身份障礙症患者的臨床表現，並非導因於暗示、幻想或角色扮演等刻意作為，因為後面這些狀況其腦部神經活性的樣態，是與真正解離狀態下腦部神經活性的樣態，完全不同[5]。

當附靈入侵時，尤其在第四種及第五種「附靈入侵下之意識變異狀態」時，附靈截斷了受治者當事人自我意識與身體的聯結，同時附靈示現在被附者的腦與身體上，且掌控了被附者當事人的身體自主權時，此時被附者物理腦的神經動力學將呈現何種樣態，目前無法得知，只能根據前述非常少的解離性身份障礙症的腦科學研究來做推論。不過，我們多年來研究各種不同類型藝術家的腦神經動力學的結果顯示，靜息態下的腦部活性與功能性神經聯結，能巨觀地反映出一種系統記憶的作用，可表徵出不同類型人格的心靈特

4. Hopper, A., et al. (2002). EEG coherence and dissociative identity disorder. *Journal of Trauma & Dissociation*, 3(1), 75-88.

5. Schlumpf, Y. R., et al. (2014). Dissociative part-dependent resting-state activity in dissociative identity disorder: A controlled fMRI perfusion study. *PloS One*, 9(6), e98795.

質。也就是說，不同類群的心智與意識主體的心靈狀態，會對應不同的腦部神經動力學樣態[6]。可以據此推測，在「附靈入侵下之意識變異狀態」下，各種基本的動作與情緒「表達」所牽涉到的神經迴路，應該運作如常，但與「自我」相關的網路，及其與其他多重功能神經網路系統間的聯結運作，則應該會呈現異常，尤其是在第五種「附靈入侵下之意識變異狀態」。2012年腦科學家對巴西民間通靈自動書寫筆生的研究[7]，發現在解離的無自我意識之自動書寫狀態下，其預設模式網路的神經活性低於有自我意識的正常書寫狀態，這個研究發現顯示，附靈會障礙自我意識相關的神經網路之運作。

有關靈附的案例在附靈示現的當下，與各種靈療介入前後之腦科學及功能性神經造影的研究報告，真是鳳毛麟角，因為研究的困難度極高（見第七章之「預設模式網路可能是冥陽兩界的樞紐介面」及「J氏靈療的腦科學驗證」）。目前有一些腦科學界與醫學界的研究者，利用腦電圖及功能性神經造影的技術開始在嘗試，但是實驗設計與研究報告的品質良莠不齊。一個必須謹記的提示：腦部預設模式網路的活性與功能性聯結在附靈示現下的變化，不是單純的呈現活性與聯結性的增加或減少，其詮釋必須視受試者當時所處的意識、心智與認知狀態，以及附靈的侵入程度而定。

6. Lin, C. S., et al. (2013). Sculpting the intrinsic modular organization of spontaneous brain activity by art. *PloS One*, 8(6), e66761.

7. Peres, J. F., et al. (2012). Neuroimaging during trance state: A contribution to the study of dissociation. *PloS One,* 7(11), e49360.

## 身體歸屬感與身體所有權的變化

自我意識，是一個複雜與多面向的、有自我主體覺知的意識經驗。自我意識的一個基本面向，就是「具身認知」：自我是體現於自己的身體裡面，換言之，我就是透過身體正在經歷當下經驗的那個人[8]。具身認知理論（所謂認知的具身化，又稱為體現認知或體化認知），認為人類及其他生物體的心智和認知，必然是以一個在環境中具體的身體結構和身體活動為基礎。認知的許多特徵，是由生物體的各方面運作所共同塑造而成，涵蓋了「概念」和「範疇」等高級心理構念、推理或判斷等各種認知任務的表現，以及運動系統、感覺系統、身體與環境在不同情境下的相互作用，與對世界的各種設想。

具身的自我意識最少要具足三個因素[9,10]：
1. 身體的歸屬感與身體所有權：「這身體是我的」、「我擁有這個身體」的感知與認知經驗。
2. 自我的所在：「我的身體」是存在於空間某個位置的經驗。
3. 第一人稱視角：我是經由這個身體，來感知及應對外在世界的經驗。

8. Lopez, C., et al. (2008). Body ownership and embodiment: Vestibular and multisensory mechanisms. *Neurophysiologie Clinique*, 38(3), 149-161.

9. Blanke, O. (2012). Multisensory brain mechanisms of bodily self-consciousness. *Nature Reviews Neuroscience*, 13(8), 556-571.

10. Serino, A., et al. (2013). Bodily ownership and self-location: Components of bodily self-consciousness. *Consciousness and Cognition*, 22(4), 1239-1252.

簡言之，身體所有權，就是對自己的身體或身體部位，有清楚的「歸屬於我」的感覺。具身自我意識是建立在多重感覺系統上，包括身體五種基本的感官、本體感及內臟感或內感受的整合之上，因此涵蓋許多相關的腦部功能區[11]。其中負責身體所有權的核心相關腦區則包括了：後頂葉皮質、運動前區、島葉、內側顳葉、腹內側前額葉皮質及後扣帶迴皮質。

後頂葉皮質負責自我感覺的統合及身體內外空間的處理，與自我的身體意象有關。島葉負責感覺及內臟感覺的統合。後扣帶迴皮質與內側顳葉皮質負責自我的身體空間認知及觀點的取替，可以協助換位思考[12]。而運動前區則負責確認多重感官（如視覺與觸覺）訊息傳入的連貫性，再以計算神經學的方式做出因果推論[13]，確認這是「我的」身體的感覺經驗。其中尤其以腹內側前額葉皮質與身體所有權的主觀自覺強度特別有關[14]。這些重要的腦區，多數同時也是本書中前章所述之預設模式網路的核心腦區。

11. Ehrsson, H. H., et al. (2005). Touching a rubber hand: Feeling of body ownership is associated with activity in multisensory brain areas. *Journal of Neuroscience*, 25(45), 10564-10573.

12. Guterstam, A., et al. (2015). Posterior cingulate cortex integrates the senses of self-location and body ownership. *Current Biology*, 25(11), 1416-1425.

13. Fang, W., et al. (2019). Statistical inference of body representation in the macaque brain. *Proceedings of the National Academy of Sciences of the United States of America*, 116(40), 20151-20157.

14. Limanowski, J. and Blankenburg, F. (2016). That's not quite me: Limb ownership encoding in the brain. *Social Cognitive and Affective Neuroscience,* 11(7), 1130-1140.

這個表徵身體歸屬所有權的神經網路，在J氏靈療期間，其功能不會受到附靈的影響，也意謂在J氏靈療中受治者的身體歸屬是受到保護的。通常在J氏靈療中附靈示現時，附靈並不需要劫奪與利用求治者的身體五官，來感知當下物理世界的訊息，因此求治者在仍保有自己的覺知意識時（前述第二、第三及第四種「附靈入侵下之意識變異狀態」），並不會失去具身自我意識，也不會喪失擁有自己身體的感知。關於這點，在與多位求治者的事後即刻面談中得到確認。至於第五種「附靈入侵下之意識變異狀態」，受治者當事人的自我意識與自己身體的關聯已被截斷，處於無記憶狀態。即令如此，J老師仍然能夠讓示現出來表達因果緣由的附靈退下，回復當事人的自我意識，及回復對自己身體的自主控制，雖然有時候，有些個案的附靈會堅持說這個身體也是他（她）的，因為已住在裡面很久了。

我看過J老師非常多的案例顯示，在第五種「附靈入侵下之意識變異狀態」下，即令受治者當事人雙眼緊閉（這是在此種意識變異狀態下常見的狀況），附靈仍然能清楚地知道當時所處房間的所有空間安置，可以無礙地控制已易主的身體進行各種活動，包括正確地知道房間門的方位欲奪門而出，或直接躲到桌子與長凳之下，且能閃避行動過程中的各種障礙物，如人、椅子、板凳等，完全不須憑藉受治者的感官系統。這個驚人的現象，顯示物理世界在無形的靈界有個相對應的空間拓撲訊息表徵，就如同我們的身體有一個靈體一般，這是一個類似鏡像的概念，存在平行互攝的冥陽兩界。因此觀看靈界的變化，就能夠知道物理世界的對應進行。而且，靈界

的變化可能先於物理世界的變化。或者靈界的意識體，根本是以靈視，不需人類的肉眼與視覺神經系統，在觀看這個物理世界。

被靈附的求治者，若日常生活中已出現「病態型靈附」狀態，則求治者的身體歸屬所有權與身體知覺，可能早已發生障礙。在許多求助的案例中，病人長期被靈附，接受J氏靈療前常描述他（她）們的身體似乎被切割成兩半，有時連思維也是，甚至思考會中斷，感覺到身體與思維有一部分不是他（她）們的。除此之外，有些被靈附的求治者，對自己身體與所處世界的五官感覺，會出現怪異的景象。J老師曾經治療一位香港的中年女性求治者，幾十年來一直覺得也深信，包括她自己的身體、所看到的外界一切物體，以及所處的世界，都宛如紙片，是平面的，每一個人（除了宗教人士外）及物件在她看來都是扁平的。另有一位來自日本的小學校長，在一場車禍後，其肉眼視覺與空間知覺竟產生極大的變化，他所處的世界中所有一切人、物與環境，都變成近在咫尺，就在眼前十公分處。因為深怕撞到眼前的一切，其行動變得異常的緩慢詭異，向前行時幾乎是雙腳不停的原地踏步。從精神醫學的角度，這些求治者，可能因為其空間知覺與身體經驗的乖張扭曲，而被診斷為罹患「現實解體症」。這些身體的歸屬感、身體所有權及身體知覺出現障礙的被附者，一旦經由J氏靈療帶走附靈，並打開被封閉的感官後，就能立即或快速回復正常，而開心不已。

## 身體自主權的易主及自由意志的喪失

　　自我意識的另一個非常重要的特質就是「主體感」，或稱為「主控感」。主體感被定義為：「我是導致或產生行動的那個人」的一種自我感覺，也可以解釋為「感覺到我是導致某物件移動或變化的人」，以及「在腦海裡的意識流產生某種想法的人是我」[15]。因此，我們可以將是否由自己產生與非自己產生的動作區分開來，以及能在行動中，清楚地區別動作的主控者是他人或是我自己的經驗，這是自我意識的一個重要特質。

　　「主體感」與「身體歸屬擁有感」兩者不同，譬如：無論係出於我自己「自主的動作」，還是被他人拉著身體或肢體而做的「被動的動作」，我都可以感知到「我的身體」是處於運動狀態下的移動，這是身體歸屬與身體所有權的作用。但是我能清楚區分「動作的發動及控制者是我」與「動作的發動及控制者不是我」之間，行動主控者的不同，這是主體感的作用。

　　關於主體感（包括動作與念頭發想的主控），基本上有四個認知機制，所涉及的腦部關聯區也有所不同[15]：

1. 中央監控理論和比對器模式
　　行動主體感的產生取決於一個前向模型：執行動作時，運動系統會傳送出一個預期應該會發生的感知副本給我們的感覺系統。若

---

15. David, N., et al. (2008). The "sense of agency" and its underlying cognitive and neural mechanisms. *Consciousness and Cognition*, 17(2), 523-534.

感覺神經回饋實際發生的結果與預期結果一致，則神經系統計算處理會將執行的動作判定為自主控制的動作；若不一致時則會將動作歸屬於由他人主控的動作。實際發生與預期的感官知覺結果之間的一致性與不一致性的程度，決定了誰是動作的主控者。中央監測理論和比對器模式的神經關聯中，後頂葉皮質負責監控自主的動作，及檢測視覺的回饋反應與動作的實際結果是否一致。小腦也參與檢測感覺與動作的結果是否一致。另外，外紋軀體模組區也參與了自主動作的檢定。

## 2. 模擬模式

模擬模式歷程的神經關聯，主要是「鏡像神經元系統」的腦區，包括頂葉皮質區的下頂葉區、顳上溝區及腹側運動前區。「鏡像神經元系統」由於在執行某個行為，以及觀察其他個體執行同一行為時，都會呈現一樣的神經活性，就如同自己在進行這項行為一般。透過這種「鏡像」的機制，讓我們可以臆測他人，與瞭解他人內心的活動內容。腦部對動作的知覺與動作的觀察，是由同一套共享的神經網路（包含「鏡像神經元系統」）來負責處理，並耦合行動中的知覺與動作，提供一個透過自己的模擬，來了解他人行為意涵的「心智理論」神經學基礎。但這套神經網路，必須結合中央監控與比對器模式，方能形成一個「是誰系統」（Who system），以解決動作主體感知的人我問題。

## 3. 意向結合

一個行動的發生，雖然意向或意圖是先於動作的發生與執行，但

是行動的意圖與行為本身並未分離，並且與行動的目標結合一致。有意識的自主發想與自主行動，其行動的發想與結果是前後相繫的，這點迥異於無意識的或被動的動作。表徵意向結合的神經關聯區域，包括運動輔助區、運動輔助前區及島葉。這些腦區參與自主產生的行動意識、行動準備、動作執行及動作自主感。

4.其他相關的處理：如模仿、視角的採擇，或者更基本的執行功能、專注力的運作等。這些認知處理也有不同的腦區來負責。

　　J氏靈療過程中，在第二到第四種「附靈入侵下之意識變異狀態」下，被附的受治者，或會出現自己所無法控制的各種可辨識、帶有意義、可詮釋、有劇情故事的肢體語言與行為，或會出現無意義且怪異的局部抽動與姿態。這些由附靈所控制的身體與意念的表達，除了肢體上單調或複雜的動作無法自主外，舉凡念頭、想法、情緒、講話的內容，甚至所使用的語言、腔調、表情、肢體語言等都無法由受治者當事人控制。受治者明確地表示，很清楚這些並非自己的主動發想及行為，但完全無法自主控制或抑制。即令經歷悲苦或高昂的各種複雜情緒狀態，受治者都能清楚地辨識並述說，這些情緒不是他（她）自己的，是附靈（們）的情緒表達。上述分辨動作主體的認知與神經機制，仍然正常的運作，可以清楚地讓被附者當事人確知，自主權（主控權）已經易位了，被附者失去掌控自己身體行動及心思意念的自由意志，但是依然保有身體所有權，身體仍是歸屬於自己，「現實感」與「人格感」仍是維持完整。

　　若附靈（們）不想讓被附的受治者當事人知道附靈（們）與J老師的應對內容（尤其當附靈的瞋恨感還很深，不願意原諒當事人時），就會完全截斷被附者當事人的意識，而進入第五種「附靈入侵下之意識變異狀態」。附靈（們）完全劫奪並掌控了當事人的身體，示現出附靈（們）前世的性格、性情、舉止、身體被殺害、傷害或原本殘疾的狀況。

　　此處必需排除的一個神經醫學疾病，即是發生在不同腦區的局部型抽搐或局部型癲癇，尤其是顳葉癲癇，所導致的運動、軀體、視覺、聽覺、嗅覺或內臟反應，可能會伴隨自律神經系統的生理反應，此外也可能引起情緒、記憶或其他認知功能的改變。抽搐是一種症狀，多次發作的抽搐則是癲癇，是一種疾病，其醫學病因很多。局部型癲癇發作，依意識被波及改變與否，再分為不伴隨意識改變之單純型癲癇，及伴隨意識改變（如失去覺知與失去反應）的複雜型癲癇。局部癲癇也可能會不正常的擴大放電，導致大發作癲癇而喪失意識。顳葉癲癇的臨床表現非常多樣且豐富，發作時也是最具有宗教色彩的表現。顳葉癲癇發作前常有「先兆」，發作時的症狀依病灶的位置可出現各種混合變化：感覺的（引起感官知覺的異常）、情感的（常伴隨負向的情緒狀態）、自律神經的（伴隨內臟的感受）、動作的（如自動症或精神運動性發作，會伴隨簡單或複雜的重複動作）、記憶的（伴隨遺忘、錯覺、似曾相識或舊事如新）或意識的（無覺知反應、錯亂、或人格解體）[16]。

---

16. Tufenkjian, K. and Luders, H. O. (2012). Seizure semiology: Its value and limitations in localizing the epileptogenic zone. *Journal of Clinical Neurology,* 8(4), 243-250.

來求助者中雖然也有罹患癲癇的患者，但一般的案例都沒有癲癇的病史，且附靈示現時可觀察到的現象，與一般顳葉癲癇的症狀並不相同。很多案例都曾經在不同的醫學中心，因為不同原因而接受過各種腦部的斷層掃描與腦波檢查，都未見相關異常。靈療過程中有一個常見的情況，就是當附靈示現時，被附者的一雙眼球經常往上吊而翻轉進眼窩內，不見眼珠，只見眼白，這似乎與東西方的靈異鬼怪電影中的某些情節如出一轍。

　　J氏靈療的案例紀實顯示，部分癲癇疾病是可歸因於病態型靈附所導致的身腦心靈的障礙，因為有幾位醫學上實際確診的頑固型癲癇案例，在經過J氏靈療調解冥陽間難解的恩怨後，癲癇發作的頻率與症狀，以及後續的醫學檢查確實都有好轉，有些案例從此不再發作。

## 前世經歷的下載與附靈情緒的體現

　　被靈附的受治者在J氏靈療的過程中，會瞬間經歷前世事件的記憶及經驗，並感受到附靈（們）的情緒。我暫時用「心靈下載」與「體現性置入」來描繪這個現象。這些記憶與經歷並不存在求治者既有的物理腦裡，而是必需幾個條件具足後才會發生的狀況：

第一、必須誠心懺悔、勤做拜懺功課到一個階段，附靈雖不甘
　　　願，但比較會軟化立場，而不得不示現讓J老師仲裁調解，
　　　以及讓被附者當事人明白因果癥結。懺悔的力量，也就在
　　　此。這也是為什麼求治者必須自己先行懺悔功課的原因。

第二、當附靈願意讓被附身的受治者明白，其前世所造作的因果
　　　事件及所犯的過錯導致對該靈的傷害、要讓受治者當事人
　　　親自感受該附靈的痛苦、或者出現可能和解的契機時，受
　　　治者當事人才會在有清楚意識的狀態下（第二、第三、或
　　　第四種「附靈入侵下之意識變異狀態」），親見或親自經
　　　歷前世該附靈當時的創痛事件與體驗。不然，附靈就只會
　　　在當事人失去自我意識之第五種「附靈入侵下之意識變異
　　　狀態」下與J老師直接應對。

第三、除了雙方各自的因素外，宇宙天地還隱藏著一個看不到
　　　的、也不為人所了解的龐大且綿密的機制，將因果關係人
　　　（們）緊密繫牽，跨越時間與空間。根據J老師所言，一
　　　旦造業即成定業，因果責任絕對逃不了、躲不掉、也避不
　　　開。不論善惡，造作是業，當做不做，當為不為，例如不
　　　去導正錯誤而致負面的後果，又如我不殺伯仁，伯仁卻因
　　　我而死，皆是業。

　　重要的是，這些靈療過程中歷歷在心的事件經驗，尤其創痛的
情緒與悲情，被附身的受治者都明確表示不是他（她）自己的情
緒，卻是一種刻骨銘心的同理，與深度共感共情的切身經歷，包括
附靈的悲愴或憤恨。受治者在親歷、親見、親感因果根源時，常是
痛哭流涕、懊悔不已而拼命懇求附靈的原諒。

　　因果造作的事件與脈絡就像一個封裝的資訊包，在J老師的靈力
處理中，逐步解碼。大部分的時候，J老師是瞬間就明瞭大致的事件

前後，細節則在靈療的過程逐步揭露。因果，不會是直線式的客觀事件而已，有許多主觀的覺受糾結其間，解鈴仍須繫鈴人，必須透過冥陽兩利的實踐，才能成就符合道德與公義的慈悲，從而得到和解。

第 六 章

# 靈附與靈療的個案實錄

每當任何一個病人，經過醫學中心各種精密檢查而有明確醫學診斷，並歷經各種醫學治療後，遭遇到瓶頸或最終無效，在極端無助下前來尋求J老師的幫助，卻赫然發現隱身在後因果業障的靈附問題時，對於身為一個腦科學家、心智科學家、臨床神經科學家、及臨床醫師的我，心中的震撼，久久難以平復。

　　我看過不計其數各種經南北各家醫學中心確診的病患，甚至遠渡重洋來自海外各類確診的病人：包括腦腫瘤、顏面神經麻痺、僵直性脊椎炎、中風、癲癇、巴金森氏症與巴金森症候群、運動神經元萎縮之漸凍症、肌張力障礙、小兒麻痺症、腦性麻痺症、重肌無力症、憂鬱症、思覺失調症（舊稱精神分裂症）、自閉症、厭食症、腸躁症、纖維肌痛症、神經病變性疼痛、腎衰竭長期洗腎、器官移植、青光眼近瞎、神經性聽力障礙、乾癬、皮膚龜裂、氣喘、嚴重失眠、身體各部位與器官之各類癌症、與其他臨床各科的種種未能盡列的疾病。事實上，不少認識J老師的各家醫學中心之資深醫師，也會主動轉介他們極度困難治療的病人，請J老師幫忙。

　　我看過罹患先天與後天多種罕見疾病的許多孩童。一位原本發育正常的學齡前俊美小男童案例，兩歲多時在一聲慘叫後，逐漸失去「我」與「我的」之人類心理成長應有的階段，也快速失去生活、學習與講話的多項行為能力。歷經臺大醫院與加拿大醫學中心的各種包括腦部磁振造影與腦波的檢查，找不出確切病因，最後只能籠統地給予「自閉症」的疾病診斷，其背後的因果故事一言難盡。

　　2021年8月的一個案例是一位不太會講話的二十幾歲年輕女性，近三歲時被發現有問題，五歲時在美國被診斷為自閉症，後診斷為思覺失調症。初次靈療後，父母帶著女兒一起做了一陣拜懺功課後，在被通知第二次靈療的前一天，女兒出現了從來不曾有過的動作：對父母吐舌頭，然後像小狗洗完澡或被雨淋濕後全身快速抖動不已。這些與平常不一樣地出現正性症狀的現象，經常是附靈清楚將立即與J老師面對面處理與求治者間之因果纏絞的躁動反應。靈界意象的變化早於物理世界的實現，關於這點我看過很多的案例。

　　我也看過李嗣涔教授轉介過來一位疑似具有先天性數學型學者症候群而被靈附的自閉症小孩，能知道複雜數列答案。這個情況，宛如電影《天才無限家》（The Man Who Knew Infinity）中不可一世的數學家，就是真實存在印度數學史上最著名的天才斯里尼瓦瑟‧拉馬努金（Srinivasa Ramanujan, 1887-1920）。這位印度的數學奇才能寫出複雜連分數的奇幻解答公式，但卻不知道如何導出[1]。拉馬努金將其天賦能力歸於女神的天啟：做夢時「眼前就會出現打開的卷軸，上面有寫好的公式。」學者症候群常出現於五個主要領域中的一個或多個領域：藝術、記憶、算術、音樂能力和空間技能。最常見的學者症候群是記憶領域的日曆型學者症候群，可以快速準確地計算出任何給定日期的星期幾，或者從任何給定日期回憶出個人記憶。

　　學者症候群的心理學與神經醫學的機轉，至今不明，但半數以

---

1. https://kknews.cc/zh-tw/history/8v44m6q.html

上伴隨自閉症（先天性學者症候群），另一半則伴有腦中樞神經的損傷或疾病史（稱為後天性學者症候群）。先天性學者症候群，目前是以部分自閉症者，會過度系統化的去注意及記憶一些特定細節的心理特質來解釋。後天性學者症候群則是以腦部（尤其是顳葉）因為受傷或疾病導致部分認知功能損傷，引起「去抑制現象」反而增強了另一部分的認知功能來解釋，認為是一種腦神經系統的權衡交換現象。

有些後天性的意外型學者症後群的案例，如被閃電擊中後出現學者症候群的某種能力，卻無損原來的正常認知能力，因此改變了腦科學家的想法[2]。由於利用神經調節的技術（如第四章所述之經頭顱直流電刺激術），可在正常人身上短暫性地造就類似學者症候群的新能力，有效提升如何解決一些特別設計的問題之靈感、洞見與創意[3, 4]，也就引發了一個新的理論，認為：「人腦並不是從一張白紙開始，出生後必須經由後天的教育與經驗，來塑造人的一切基本技能。相反的，人腦可能在遺傳上早就有先天的預置，能夠處理所見所聞的訊息及理解音樂、藝術或數學的一組規則，而學者症候群的人可以比正常人更容易進入這個技能庫。」[5]只是，我所看到的實

2. Treffert, D. A. (2014). Savant syndrome: Realities, myths and misconceptions. *Journal of Autism and Developmental Disorders*, 44(3), 564-571.

3. Chi, R. P. and Snyder, A. W. (2011). Facilitate insight by non-invasive brain stimulation. *PloS One*, 6(2), e16655.

4. Chi, R. P. and Snyder, A. W. (2012). Brain stimulation enables the solution of an inherently difficult problem. *Neuroscience Letters*, 515(2), 121-124.

5. Treffert, D. A. (2014). Accidental genius. *Scientific American,* 311(2), 52-57.

際案例並不一定是這樣，靈附也是其中一個不能排除的原因。

這些無數眾多的案例都在呈現一個事實：許多病痛的真正病因病源，並非單純是物質肉體的因素，而有可能是因果業力與外靈的干擾或依附所造成的「因果病」。誠如J老師所說：「人類若想要真正祛除病苦，不能只看外在的物質、環境或遺傳基因的因素，而將無法解釋的不明病因歸因於細胞病變或個人體質。審視病因病源必須超越物質層次，從身心靈三方面去查明來龍去脈，才能徹底解決人們的病苦。」

以下的三個因果與靈附實際案例，是三位被附身受治者當事人的親身分享，業經原載出處同意本書節錄。其各自的因果糾結在此僅做摘要式節錄，對於靈療過程中次第呈現之因果故事，也暫不做時序的詳細解說，未來另有討論J氏靈療不同案例的專書深入敘述與分析討論。

## C先生：畫押立狀

C先生，是一位溫文儒雅、極富學養之士，歷任過國家數個重要官職，對外交事務貢獻極大。講話聲如洪鐘，鏗鏘有力，且慈眉善目，兩眼炯炯有神，身有正氣，不言自威。我與這位前輩有幾面之緣，外表上已完全看不出有任何身體上的疾患。但是C先生說他曾經罹患過嚴重的全身性「脫髓鞘多發性神經炎」或稱「吉巴氏綜合症」的重疾。這是一種因免疫系統錯誤攻擊自身周圍神經系統，導致神經破壞並出現急性肌肉癱瘓，嚴重時可能侵犯患者其呼吸相關

的神經與肌肉而危及生命，需要呼吸器輔助。也可能影響自律神經系統，導致心率及血壓異常。C先生雖經臺北榮民總醫院的悉心治療救回了一命，然而疾病所造成的顏面神經損傷後遺症，多年來卻始終無法改善。

C先生的重病，背後有前世因果業障的宿因。他接受J氏靈療期間，附靈示現時是處於第二至第四種「附靈入侵下之意識變異狀態」，屬於「致病型靈附」。最不可思議的是，在靈療中於自我意識完全清楚的情況下，C先生失去對自己身體的自主控制權，手抖腳動不能自已，上下顎可以快速地左右交錯平移轉動，做出一些異於常人的奇怪表情，自己無法控制。在最後一次的靈療中，C先生竟在空中振筆疾書，最終還做下一個古代「畫押立狀」的動作，以確認雙方約定的契約。附靈最後離去後不久還刻意折返，清楚告訴C先生他叫什麼名字。

以下為C先生的親述：

1995年9月，我在駐國外特任代表任內，由於操勞過度，忽被病毒感染，以致吞嚥、呼吸困難，四肢麻痺難動。急忙搭機返國，聯絡臺北榮總以救護車自機場直奔醫院。經過由彭院長芳谷領導的榮總醫療小組悉心醫治，以十劑500c.c.免疫球蛋白連續不斷的注射，始將病毒清除。醫生證實，我得的是一種「急性周邊神經炎病」，學名GBS（Guillain Barr Syndromes），由病毒感染，症狀是周邊神經全部破壞殆盡，以致無法將神經傳導至呼吸器官與四肢之肌肉，我因此臥床一個月，後來以嬰孩學步的方

式，始能慢慢行走。其後遺症是我的顏面神經受損，有些眼斜嘴歪，兩顎牽動困難，影響了我的語言能力，尤其是外語能力。

翌年9月，我回國擔任另一項職務，症狀仍無改善。1999年10月2日，經過好友L先生的推介，我與長期從事靈療工作的J老師見面，並接受她的建議，試作治療。不意幾分鐘後，我開始手抖腳動，不能自己，我的上下顎可以左右轉動，而且速度很快，自己似乎無法控制，真是奇蹟。

J老師認定致病原因是有外靈附身造成，必須與其多作溝通，使其離身，始可全然恢復健康，我以剛才經驗，不能不信。以後我又密集每周接受治療，都由內子陪同，而且全程錄影作為紀錄，前後八次。最後一次，在腦海一片空白中，我突然提起右手，懸在空中，振筆疾書，自上而下，由右而左，寫了兩頁，始將手放下。此時虛無中突然閃出一個乾瘦瘦小白髮帶鬚，身著官服的老翁，悻悻地向我揮手說再見。我本想禮貌地回說珍重，因直覺上感覺不宜與他「再見」，仍向其揮手說珍重。我堅持要寫「珍重」二字，然而右手卻不聽使喚地寫下「我走矣，再見了！」等字。等回神醒來，J老師說，老先生走了。J老師告訴我，很久以前我與他同朝為官，為左右相，因我向皇上進讒言，致使其罷官，下場悽慘，原本想報復，使我中風半殘，經過溝通，而我又寫下承諾保證書，恩怨就算罷了。自此以後，我的顏面神經恢復正常，語言邏輯幾乎全部恢復。

這種附靈示現時，受治者當事人意識清楚但完全無法自主地於空中疾書畫押立狀，以做為冥陽雙方的正式契約，在J氏靈療的案例中，我已經看過四位。第一位，是本章節中的C先生。第二位，是

具有外交學士、法學碩士及中醫背景的中年男士，不久之前有過右腦出血性中風，此次又因左側橋腦梗塞導致右側偏癱而前來求助J老師。他來時右下肢穿著支架撐著，腳只能拖著平移而無法抬起，他的右上肢無法對抗重力，必須靠左手的扶持支撐方能稍微舉起。靈療時，他的右手及右臂竟能毫無障礙地單手高舉於空中，並能揮灑書寫大楷小楷，實在令人目瞪口呆。C先生及這位中年男士，其各自的因果業障與靈附，才是他們所罹患疾病背後的真正與根本病因。在勤做懺悔功課及J氏靈療之後，他們康復的速度，只能以奇蹟來形容。第三位，是一名中年男性大企業主，日常就會突然發出怪異的動作與聲音，經常全身劇痛或巨癢，好幾次靈療過程中更是趴跪在地上，不停地磕頭及寫字畫押，是我目前所看過J氏靈療中附靈示現數量最多的一位，而最終——平順處理。第四位，是下面章節中的S先生。

## S先生：跨越千年的靈魂之戰

S先生是國內某大學的教授，是位溫文儒雅的學者，專長於考古學、人類學及宗教學，是屬於「致病型靈附」的案例，未曾出現「執行型靈附」的神通力及特異能力，也不曾出現「恍惚型靈附」的意識解離狀態。由於專研國內宗教而深入各教派並學習其內部的功法，因此S先生身體的「通道」已被打開，之後每每到一個考古現場，或古剎、古廟、古蹟、古戰場等地或是一般寺廟宗教場所，一定會出現靈附現象，身心極度不舒服，好多年來都持續在J老師處靈療。每次靈療過程，S先生都呈現第二或第三種附靈入侵的意識變異狀態，其自我意識都非常清楚，保有身體所有權，但失去自主權。

以下是S先生親筆寫的文章，這是一個以第一人稱自述J氏靈療下的現象，及其個人的意識經驗與心路歷程。由受治者當事人親自陳述出來，最是真實不過，全文很長，只節錄部分。

第一次接受J老師靈療的時候，我的反應竟然是左右半身各不相同。當J老師的手伸近我身體的附近的氣場時，我的左手開始打圓圈，還是很有規律在劃圓圈，好像是在打太極拳，又不太像。而右手卻是在作鷹爪功。右手變得像一隻老鷹的爪子，不斷的在空中抓東西，而且是很用力的在抓。有時候卻又覺得自己是一位蒙古的武將，讓一隻老鷹停在右手臂上。這種經驗是我這一世生命裡面從來不曾有過的。

J老師不斷地用她的雙手整理我身外的氣場。有時候，她會用力抓住我的一隻手。這時候，我就會有一陣顫抖。接著就感覺到好像有什麼東西被J老師趕出身體。開始的時候，我還感覺不到有東西在身體裡面跑動。大概過了半响之後，方才慢慢地可以覺察到有什麼東西在身體裡面被J老師趕出去。在脫離身體的時候，會有一陣震動，有時候還有一些脹痛。等到這個東西被趕出去之後，那種脹痛感也就隨之消失。隨之而來的是一種輕鬆的感覺。

在第二次和第三次做靈療的時候，我不但左手劃圓圈，右手練鷹爪功。更在J老師做得有些氣喘的時候，居然會雙手合掌，不斷的合十禮拜。每做一個禮拜的動作之後，就朝反時鐘的方向移動一些，再做同樣的禮拜動作，於是就形成在轉圓圈。這時候人還是坐在椅子上，J老師還是在替我治療，於是我們兩人就隨著這個動作而轉圈，一轉就是好幾圈。那時我心裡也想知道這種轉圈和

禮拜的動作究竟是在做什麼？從動作上來想，它似乎是在向天地四方作禮拜。

J老師的手宛如一支強大的電磁棒。被她的手所擾動過的地方，寄居在那裡的靈就被趕出來，不走也不行。這些靈所寄居的地方，遍布全身，以手腳關節和臟器為多。當J老師的手在那裡擾動氣場的時候，這些靈就會被趕起來，爭先恐後的向外逃散。有些靈在身體裡面寄居的時間比較長久，當它被趕動的時候，忘了該從哪裡出去，於是在身體裡面到處亂竄。開始接受靈療的時候，J老師會說，這個靈現在如何在跑動，好讓我明白是怎麼一回事。半年之後，身上的靈似乎比從前少了許多，於是身體的感知系統變得比較靈敏，於是每當J老師在替我治療的時候，我就會問J老師：「現在是不是有一個靈在身體的某個地方，往那個方向竄逃？」原先以為靈所走的路線有可能依循經絡的路徑。因為經絡是身體的交通網路，它有如鄉間的小路，很適合寄住在身體裡的靈循行而走。J老師說「靈所走的路線是隨意的。」我的知覺很清楚地讓我知道，靈所會走的路線不是沿著經絡，而是隨他的意思。他愛走那裡，就走那裡，根本不可以預測。

有一天我強忍著手腕的疼痛，半夜開車回宜蘭的住處。痛得睡不著，方才想起J老師所教的磕頭功，也就是J老師所說的「做功課」。也顧不得什麼禮節，就跪在床上磕起頭來。……這一次在幾乎完全無助的情形下，只好照J老師的話拼命地磕頭。越磕越快，氣也越嗝越少，當磕到第470個頭時，一陣咳嗽，在眼前就看見一個穿古裝的女子從身體的左邊飄出去。那時就明白了為什麼我的左腕會那麼疼痛的原因。

我是學考古出身的人，看古代殉葬的照片已是家常便飯，可是

在2004年的2月23日，就發生一次可怕的經歷。在看一張照片是四千年前的殉葬車馬坑的時候，忽然就覺得有什麼東西撲面而來，立刻人就感到不對勁。當時我就知道不妙。應該是那些個殉葬的車夫來找麻煩。回家立即打坐、觀想之後，似乎好一些。可是過了四天，也就是2004年2月28日，全身就更不對勁了。頭痛、虛弱、高燒、全身酸痛、又覺得自己很虛浮，好像被什麼東西包裹住，由於難以忍受，下午就趕到三軍總醫院的急診室掛急診。護士一量血壓，竟然高到200，體溫39.6℃，做驗血和驗尿，醫師發現血管的血很難抽，尿也很濃，用很奇怪的口氣問我：「中午吃飯喝水沒有？為什麼像是很久沒有吃東西、沒有喝水的樣子？」吊了三瓶點滴之後，血壓方才回復到150，體溫下降到37℃，臉色方才有了血色。醫生看我的病歷，以為是肝有什麼毛病，給了一些保肝片，就讓我回家了，後來又做了一些相關的肝膽、腸胃方面的檢查，但也查不出個所以然來。

到了4月6日，才請J老師來徹底地清理這些殉葬車夫的殘餘勢力。經過這次的經歷，方知從前講英國的探險隊在打開埃及王陵後，不少人得了神秘的疾病而亡的事件。醫學界總是往「病毒」「細菌」等方面去探索原因，不肯承認有靈在作祟。我自己的經歷很清楚的顯示，靈是的確存在的，只要身體的接收訊號系統靈敏，就可以清楚地覺察到是否有靈附在身上。

自從J老師教我做磕頭功之後，我幾乎每天都做。最先一次磕一圈一百零八個頭，逐次增加，目前一次總是在五圈左右。在整個暑假的考古旅程中，也不例外。雖然有幾次被附體的經驗，可是由於有做功課，底子還不錯，身體還可以抵擋。回台北後，承蒙J老師的好意，又幫我調理了一次。我告訴J老師這個磕頭功實在

有效。也因為聽J老師的話，乖乖地做功課，J老師幫我清理身上所附的邪靈時，自己就可以清楚的感覺到身體哪個部位被清乾淨了。那種舒暢的感覺是很難用筆墨來形容的。

S先生在不同次的靈療時，會出現各種不一樣的動作：不同動物的張牙舞爪、練功打拳、單手或雙手結印、身體及四肢不自主的、規律單調但奇特的晃動或懸空抖動、連串複雜的序列動作、打嗝嘔氣、手指與手臂呈現怪異的強直姿勢、不停地雙手合十於胸前向十方祭拜或是大禮拜，並多次向J老師合十拜謝等。

在某一次靈療過程中，S先生左手及手臂高張伸直，似被抓住往外拉扯，狀極痛苦。他說被拉得好緊，幾乎要被扯斷般的痛。另一次靈療中，他表情蕭穆，出現手在虛空中大力疾書無數行字，並且最後強悍地做下像中國古代之訂契約，或明鏡高懸判決冤情之「立狀畫押」的動作，畫押完後，所有動作戛然而止。過程中他的意識完全清楚，但卻苦於完全無法自主。

S先生的因果故事非常豐富，他的前世因為是皇帝，諸多的恩怨情仇、因果業障，竟與這一世原來不相識的另兩位求治者糾結在一起。這二位求治者，曾是S先生當朝下的官將，當年一位是進讒言主張誅殺任務的寵信權臣，另一位是執行誅殺任務的將軍。當年被集體誅殺殲滅的人們，集體從宋朝千年追討到這一世，而附身於這兩位求治者的身上，並且令他們身心飽受折磨而痛不欲生。其中一位求治者身上的附靈（們），竟明確要求與從未謀面的S先生對質，因為S先生正是當年下令誅殺他們之最高當局，也是附靈（們）要集體

聲討的共同對象。冥陽兩界不同時代的相關人等，竟先後陸續全部集結於J老師處，一起示現並尋求幫助，若非親睹，實在難以想見，必然以荒誕不經、怪力亂神視之，實是匪夷所思。之後會有專書詳細說明，深入探討這些複雜案例的綿密因果關聯。

## H先生：通靈是禍是福

這是一位台北某頂尖國立大學的學生，第一印象是一臉斯文俊俏、天真無邪的年輕學生，但卻是兼具「病態型靈附」、「致病型靈附」及「執行型靈附」的案例。H先生自小即出現幻視及通靈，能預知要發生的事，能感應別人的意念，也能抓出對方的思想。五感敏銳，能預感地震。氣功師曾認為他年紀輕輕即已練出高段氣功境界，天賦異稟。經不少高人鑑定，認為他是神佛預選的代言人，以及修行僧轉世。高中時就已開壇辦事，能以氣功幫人治病、學命理、觀因果，喜歡單獨入深山打坐修行。詭異地喜歡搜集屍體照片，修行所謂的「不淨觀」。漸漸的，他的身體狀況越來越差，長期莫名劇烈的頭痛及失眠困擾著他，喜歡看屍體，見血就狂笑，精神開始出現異常，因而長期服用精神科藥物。

他在接受J氏靈療時，經常處於第四與第五種附靈入侵下的意識變異狀態。每次靈療隨著不同附靈的示現，會出現令人瞠目結舌的各種動作。雙眼經常上吊至只見眼白不見眼球，或雙目緊閉但能在房間內快速無礙的行動。有時如犬類動物般地不停哈氣，對J老師常做出合掌禮拜的動作。有時張牙舞爪表情非常猙獰，時而似打坐結手印，有時則蜷縮或趴在地上不斷痛苦乾嘔。J老師出手時他會現

出驚惶畏縮之舉，逃躲到屋角或長條板凳下，逃避不了時又無奈地回到治療椅安靜坐著。時而眼露兇光隱晦陰笑，時而端跪禮佛。會逐一示現多重身份的不同人格意識，肢體語言時而示現小女人的陰柔，卻又突然兇光畢露可怕至極，表情與動作變化萬千，有時出現道士做法比劃的情節，可看到附靈出來與J老師做非語言的直接意念交涉溝通的動作與表情。有些附靈纏絞多時不肯離去，最後J老師是逐一教化、逐一超度走，數量多到難以估計。

他對自己整個人生做為「神明」代言人的經歷、接受J氏靈療前後、及J老師帶給他的人生一百八十度轉變的分享自述中，愷切地呼籲人生的修行正路。其文章除了深切警惕之言外，對生命修行的追求心態、目標與方式，非常有啟發性，因此節錄於後，與大家分享。

以下僅節錄一部分H先生之親述：

四歲的某個深夜，是我第一次接觸靈界的經驗，但是差點丟了性命，所以印象深刻。睡到夜半突然驚醒，發現身邊有許多黑色的團塊，同時心臟開始像被捏緊般的疼痛並且呼吸困難。也因為意識到什麼，我轉過身將姊姊搖醒，跟她說一句我一輩子也忘不了的話：「姊姊，我要走了。」後來家人全圍過來看發生什麼事，慢慢地透過家人的安撫，漸漸能夠順利呼吸，心臟也恢復正常，在餘悸猶存中黑影消失，但這只是故事的開始。

之後出現過短暫的健康。唸幼稚園，小學時，因為活潑好動，

一直是班上帶頭的孩子王。但是大抵九歲過後，我不停地出現幻視，我開始在家中，學校等地看到透明的靈，各種顏色的靈體，人或動物，有完整的有不完整的，但是我不能控制，不是想看就看得到。不久，我注意到我的預感異常準確，會有種感覺告訴我即將發生的事。特別是老師為了點名做的籤筒，我一定會知道即將被抽中的人是誰，並且在每一次抽籤之前說出來，沒有失誤過。

上了國中，特殊的幻視或預知漸漸不再發生，但是我的身體狀況卻一路下滑，速度很快，不過多久突然變得很虛弱。又因為莫名劇烈的頭痛，腦壓很大，我時常請病假不去上學。到市立醫院做過腦波檢測，斷層掃描，沒有任何異狀。此時的我變得很文靜，不太愛說話，加上疏離人群，人格已經有了一百八十度的轉變。

高中，我開始不太能說話。不是不願意說，而是沒有聲音，很難發聲，沒有辦法像正常人開口那樣簡單。後來由醫院內視鏡檢查發現舌頭向後壓迫在氣管上，導致說話困難，也有呼吸障礙。因為聲音的消失，讓我脫離人群，獨來獨往。我漸漸地喜歡到山裡去，更因為不怕黑，我喜歡一個人步行夜裡的山路，或到任何人煙稀少的地方進行探險。

這個時期，我的幻視更加強烈。但是多半不是看到靈體，而是出現廣泛的特殊能力。例如走在路上瞬間看不到路，會被空中一大塊屏幕遮住我原先的視覺，直接在眼前播放劇情後消失，不久的未來，真實世界就會完整上演一遍。上課時，老師在黑板上出完題目，我可以直接在空中看到正確解答，因為會有數字浮現在

眼前。我也具備他心通的能力，會不小心聽見他人的意識，對我而言那種聲音很大聲，接著對方會根據我所聽到的內容做出非常一致的表情和動作。但是還是不能控制，不是想做就辦得到，同時我也不會想這麼做，因為內容準沒好事。之後，我開始看精神科，為我異常的敏銳付出代價。身體所有感官就像是個全開的偵測器，不只感覺，我非常能「感同身受」，分享著他人的喜悅，分享著他人的痛苦，就像是發生在自己身上一樣。包括觸覺，嗅覺上的敏銳，特別是聲音，我有輕度聽障，卻對聲音異常敏感，多半只能戴著耳塞上學。也能預知地震，身體與意識會在事前出現某種固定的模式，或從空中擷取訊息，通常不超過一個星期就會發生。我醒在一個幾乎不能開口而卻得被迫感知周遭的環境裡，厭倦地活著。

　　緊接著上了大學，由於已經習慣這樣的身體，加上有交通工具，我更常往山裡跑。「遠離人們，到山裡閉關修行」是我最大的心願。我開始研究靈學，命理，打坐，氣功，光是氣功就練過三派。當然，我學習的都是氣功師強調的正確氣功。因為一直被灌輸著「賦有使命」的觀念。我很努力從事「修行」的工作。這時候身體好一點，每日打坐，免費替人占卜論命，外加練氣功，我的幻視更加顯著。最常發生的有，眼前常會出現各種的數字與文字，全都是在被人問問題的時候，直接在空中浮現，清晰而驗證無誤。空中會突然閃過像跑馬燈式的語句，下一秒鐘談話的對象就會說出一模一樣的話來。或聽到動物說話，不是用吠聲來進行溝通，而是意念，對我而言聽到的是中文。也看過人的前世今生，在人的身邊會憑空出現一塊屏幕，相當於從身體裡拉出來的資料夾一樣，只要屏幕一展開便看不到背後的景物。我只要盯著那塊螢幕的劇情看，夾雜著一種極為快速的意識交流，瞬間就能

明白因果，一目瞭然。另外我對環境異常敏感，遇到危險很自然就會避開。特別是當對方有壞念頭時，我能夠跟對方的思維同步進行，事先了解而知道接下來如何應變，將傷害降到最低。通常我走個幾步路，往往知道即將和誰相遇，因為會有一種念頭或畫面出現，能讓我知道來者何人。

我一再備受異樣眼光看待，有人是尊崇，有人是畏懼。很多能力在「修行人」的眼裡看來，更是求之不得，求死不能。在算命師眼中，我是和尚投胎，準備學習做神明的代言人。在氣功師眼裡，我已經進入了高段的氣功境界。在一般人眼中，我是靈媒，更是不能直視的他心通者。的確，我非常樂於如此。而且為了追求更高段的特殊能力與助人，我更加地努力「修行」。同時出現太多功能讓他人與我都認定自己深具「使命」。這幾年每天打坐練氣功的時間，一定超過兩小時。我學習氣功的過程非常快，許多層次要一個月的時間我不過幾天就達到了。並且體內有股強大的氣流，在我以「氣」治療他人的時候，更是得心應手。也投入極大的心血學習命理，編寫命理講義。

但奇怪的是，我所有的能力全不能控制，都是突然出現，突然消失。試圖要控制這樣的特殊能力只有幾次成功過。同時，我的身體大不如從前，體能越來越差，並且食量驚人，怎麼吃怎麼瘦，而有越來越消瘦的趨勢。即便練氣功，頭依舊痛得劇烈，我得藉由安眠藥入睡，不然一進入凌晨就會變得異常亢奮。我也發現一件事，就是我只要看到鮮血便會停不住地狂笑，讓我熱衷於蒐集屍體照，並以此進行修行法門中所謂的「不淨觀」。我非常喜歡到荒郊野外探險，最喜歡在山裡打坐，或練氣功。而且我很容易出現自發性的靈動，身體會自己動起來，或打手印。但是，

精神只有在剛開始練功時以最佳狀態維持過半年，往後在氣功老師的指導下，即便是平時也一樣感到昏倦。我幾乎荒廢了所有的日常生活，也沒心念書，只有更專心「修行」。

因為背負命債，本身業力讓我從小就被冤親債主跟上。也因為靈附在身上，導致形成更容易吸附其他外靈的靈媒體質。如同滾雪球一般，越來越多的靈上身，我的特殊能力就越來越強大，同時身體狀況越來越差。並且，我認同長輩口中自己是來「修行」的說法，所以不斷地運用氣功打坐來修煉自己，結果更是吸引大量的靈上身，讓外靈共用身體來修行。一個身體要養那麼多的靈，當然負荷不了。雖然擁有廣泛的特殊能力，等到我的健康亮起紅燈，還以為自己深具使命，所以必須付出健康作為代價。原來我身上附有太多的靈，造成體內強大的氣感，並且不同的靈具有不同的能力。

靈鬼的能力讓我有幻視或他心通，動物靈的能力則讓我能進行與動物的心通或感知地震。這恰巧正是算命師眼中的神明代言人，氣功師眼裡高段的氣功境界，以及一般人眼中的通靈者他心通者。雖然是助人，但是我使用的都是祂們的靈力，一但死後，我今生就像空白一樣。因為不是使用自己的力量在助人，我用的都是靈的力量，所以所有功德都將算在靈的頭上，而我只有純粹做人的功與過。

能被J老師治療是莫大的福份，很顯然，治療後我的特殊能力消失了，氣色卻越來越好。也加強運動，增加陽氣。現在只有在身體狀況較差的情況下還看得見靈體。我也分辨得出自己原本的人格，能夠直接分辨是我還是其他靈的個性。從一開始就是被外靈

跟上才有能力，所以那些消失的能力本來就不是我的，一點也不足為惜。使用特殊能力，對靈而言，這實在是沒有什麼。但對在世的人而言卻大感不可思議而汲汲營營追求。在J老師的開示下我學到一件事情：「為何不學做人，反去學做靈？你死後自然什麼都會了。」

我願以此切身經驗，重新學習人的作為。

H先生接受J老師靈療後，失去所有眾人稱羨或亟欲擁有的特異能力，卻是得回一個健康與近乎完整的身心靈。不禁興起一個延伸的想法：大部分特異功能人或通靈者之具有與常人不同的超常能力，也許並非完全是自己修練成的特異能力或神通，而是因為附靈本身所具的靈力，將靈界的訊息置入當事人的身體或心靈所造成的超心理現象，雖然當事人的身體所有權暫時未發生障礙，只是通道被打開了，附靈與之共用一個身體。所以當一個人突然或逐漸示現特異能力或神通時，先切莫高興認為是自己的修為境界高昇了，反而應該謹慎小心觀察自己的身心靈變化，尤其當身體所有權的意識覺知出現了可感知的問題時。

但是，這個「通道」或「閘門」是什麼？它的意涵又是什麼？是如何被打開的？一個最可能的關鍵就是預設模式網路。預設模式網路或許是附靈入侵被附者意識的一個重要通道與閘門，但不一定是附靈附身的必要路徑，J老師的案例顯示身體的任何部位都可以是外靈初始及未來的進入點。

通道打開後是好是壞？通道打開後的嚴重後果是什麼？2020

年，應一位醫師老友之邀，參加了一個由幾位精神科與其他科醫師、心理學及社會學教授們所辦的、非公開的有關靈附之討論會。整場，我只默默坐在角落聆聽這群專家們的報告與發言。討論會現場有一位年輕的學生已是神壇壇主，在開壇替人辦事且生意興隆，發言中亦稱自己為神明的代言人。我因為在J老師處，看多了各種年紀、性別、教育與職業的所謂通靈（被靈附、被靈所通、人被靈所用）或靈通（靈被人所用或差遣，如養小鬼）人士，他們因為靈附，而出現各式各樣神通力或特異功能。看到時下許多追求神通、通靈、特異功能與超能力的年輕人，心中難免一痛，如同H先生的自述，這些年輕人的靈附故事才要開始！因果教育與好好做人處世的義理，才是他們此刻，所不可或缺的、生命中最重要的一堂課！

第 七 章

靈附現象與靈療
對腦科學的衝擊

所有現代腦科學的研究科技，都無法直接量測受治者當事人靈體的狀態與靈附時附靈的狀態，以及J氏靈療的能量。我們都只能單方面以度量物理世界人腦的工具與方法學，從人腦神經動力學的變化，來間接反映及推論附靈與個體意識間的種種現象。物理世界有物理世界的自然律，在物理世界發生的現象，必須以其自然律的變化來表徵。

## 意識理論模型與神經免疫學理論的困境

### 意識理論與模型無法解釋J氏靈療

　　總體工作空間理論及總體神經元工作空間模型，雖然能模擬及解釋個人意識的當下水平與內容，但是對於靈附現象所造成種種附靈入侵的意識變異狀態，尤其是個體的主控權與身體所有權的易主，都束手無策。意識時空理論，基本上含攝量子物理的時空思維。意識時空理論強調，穩定健康的自我意識狀態涉及人腦與世界「當下」時空建構的調校對齊。但是，這項理論卻難以解釋前述第三章所提之J氏靈療中「糾纏的心靈狀態」，施治者J老師與受治者的頭腦與心靈的時空建構，卻是同步調校對齊至受治者「過去」曾經存在的時空與意識經驗內涵。目前的主流意識腦科學理論與模型，都難以提出合理與令人信服的解釋（見第四章之「意識的時空理論」）。

### 抗NMDA受體神經免疫學理論無法適用J氏靈療的案例

　　N-甲基-D-天冬氨酸（N-methyl-D-aspartate，NMDA）是腦神經系統裡的重要興奮性神經傳導素，NMDA受體主要分佈在中樞

神經系統，包括前腦、邊緣系統和下視丘，與認知學習有高度的相關性。臨床上有一種很少見的抗NMDA受體腦炎，身體會產生對抗腦部NMDA受體的抗體，是一種自體免疫疾病。常伴隨精神行為改變、動作異常（如僵直、肌張力障礙、面部運動障礙）、情緒不穩（如自閉症特徵、極度激動的發作、對自己或他人的攻擊性行為）、語言功能障礙、思維混亂、癲癇發作、認知功能障礙、意識水平下降與意識障礙、自律神經功能障礙或換氣不足。也因為常出現明顯的精神疾患特徵（如幻聽、幻視、人格身份變異），在臨床上常被誤以精神疾病來治療，尤其是需與分裂情感性障礙症與解離性身份障礙症中之靈附型做鑑別診斷[1]。臨床女性案例約佔70-75%，病人年齡通常小於三十歲。早期症狀可能如感冒包括發燒、頭痛和疲倦，中期異常則可能會出現精神性疾病之症狀。女性患者有一半以上有潛在性腫瘤，尤以卵巢畸胎瘤最為常見，因為會誘發抗體的產生而造成各種神經及精神症狀。

抗NMDA受體腦炎最有名的案例應該是蘇珊娜·卡哈蘭（Susannah Cahalan）。她回復健康後，將自己從生病到痊癒期間所經歷「完全改變了個人」的過程，於2013年發表一本書《我發瘋的那段日子》（*Brain on Fire*）[2]，暢銷全球。由於抗NMDA受體腦炎出現類似解離性身份障礙症的解離狀態並不少見，也因此神經醫學與精神醫學，也開始援引為許多惡魔附靈歷史事件與當代惡魔附

---

1. Nichols, T. A. (2016). Anti-NMDA receptor encephalitis: An emerging differential diagnosis in the psychiatric community. *Mental Health Clinician*, 6(6), 297-303.

2. Cahalan, S. (2013). *Brain on fire: My month of madness. Simon and Schuster.* 《我發瘋的那段日子：抗NMDA受體腦炎倖存者自傳》。張瓊懿譯。2015年行路出版。

靈新案例之神經生物學的一種解釋[3]。不過，就如同血糖與糖化血色素是糖尿病的生物指標，卻並非糖尿病的致病機轉一般，NMDA受體的抗體究竟是變化多端之解離性身份障礙症可能的生物指標，還是可能的致病機轉，有待進一步的探討。

氯胺酮K他命（Ketamine）是一種解離式麻醉藥劑，也是一個校園內常見的毒品，藥理作用也是NMDA受體的拮抗劑，也會出現如上述抗NMDA受體腦炎的身心症狀，過量使用會造成腦部與其他器官不可逆的損傷。但本書中所提之所有J老師靈療的求治者，皆無注射K他命也無相關藥癮。有一點倒是我無法了解的，曾經有求治者刻意隱藏過去曾經使用過娛樂性藥物（如大麻或其他毒品）的經驗，竟能被J老師一眼就識破。J老師如何得知？

只是，抗NMDA受體腦炎的相關神經學機轉，無法解釋J氏靈療中被附者在附靈示現時的「瞬間」意識變異，以及附靈退下後的「即時」回復正常。此外，抗NMDA受體腦炎是一個「長期」的腦疾病，復原之路緩慢，且復原所需時間通常與疾病的發展進程成正比關係。

用一個反向的問法，抗NMDA受體，是否可能為長期靈附現象的生物指標之一？

---

3. Sebire, G. (2010). In search of lost time from" Demonic Possession" to anti-N-methyl-D-aspartate receptor encephalitis. *Annals of Neurology*, 67(1), 141-142.

## 預設模式網路可能是冥陽兩界的樞紐介面

第五章中我們提到，腦部預設模式網路的活性與功能性聯結在附靈示現與入侵下的變化，不會是單純地呈現活性與聯結性的增加或減少，必須視受試者當時所處的意識、心智與認知狀態，以及附靈的侵入程度而定。在此節中，我們繼續深入討論預設模式網路更多可能的角色，並討論幾個相關的功能性腦神經造影研究。

### 手指識字功能性磁振造影研究的啟示

手指識字及透過天眼屏幕與靈界傳遞及接受訊息，基本上是一個專注、非自我意識、非遊思走神與非自我參照的處理歷程。因為是相當於專注監測非自發性、非意志性、非自我能控制之天眼屏幕訊號出現的心智狀態，理論上腦部預設模式網路的神經活性與內部功能聯結應該是下降的[4-9]（見前述第四章之〈預設模式網路是自我意識的中央處理器〉）。

4. Andrews-Hanna, J. R., et al. (2014). The default network and self-generated thought: Component processes, dynamic control, and clinical relevance. *Annals of the New York Academy of Sciences,* 1316(1), 29-52.

5. Chen, X., et al. (2020). The subsystem mechanism of default mode network underlying rumination: A reproducible neuroimaging study. *Neuroimage*, 221, 117185.

6. Christoff, K., et al. (2016). Mind-wandering as spontaneous thought: A dynamic framework. *Nature Reviews Neuroscience*, 17(11), 718-731.

7. Lopez-Persem, A., et al. (2019). The human ventromedial prefrontal cortex: Sulcal morphology and its influence on functional organization. *Journal of Neuroscience*, 39(19), 3627-3639.

8. Margulies, D. S., et al. (2016). Situating the default-mode network along a principal gradient of macroscale cortical organization. *Proceedings of the National Academy of Sciences*, 113(44), 12574-12579.

9. Li, W., et al. (2014). The default mode network and social understanding of others: What do brain connectivity studies tell us. *Frontiers in Human Neuroscience*, 8, 00074.

然而出乎意料的是，根據李嗣涔教授1998年的功能性磁振造影實驗的發現，高橋舞天眼屏幕打開的瞬間，被稱為心靈之眼的腦部預設模式網路之後扣帶迴皮質，令人驚訝地活化出五十倍於一般認知作業所會增加的神經活性[10]。這裡的五十倍變化，不是指預設模式網路在認知作業的狀態下其神經基質活性的五十倍，而是指在認知作業處理下，相關的認知功能腦區其一般活性會增加幅度（1-3%）的五十倍。因此，腦部後扣帶迴皮質、楔前葉與後壓部皮質所共同形成的預設模式網路後成分，與預設模式網路前成分的內側前額葉皮質，所共同形成腦部的前後兩個神經網路中樞，極可能是人類意識與心靈運作最核心的神經關聯。

　　高橋舞腦中這個非常態、不可思議巨幅增加預設模式網路的神經活性，清楚地反映出天眼屏幕的訊息，並非來自五官可見可感之傳統視覺，或其他知覺神經傳導路徑的從下往上的電生理傳輸現象；應該是特異功能人透過天眼屏幕與靈界之雙向訊息傳輸與接收等重要事件發生時的當下功能性神經表徵（見下文「神經量子學」）。個人認為預設模式網路，尤其是其「後成分」，極可能是物理世界的腦與靈體（腦），或腦與靈界間的一個關鍵性樞紐與渠道，串連物理腦與靈界之間的訊息傳輸，從而影響個體的整體心識。

10.李嗣涔（2018）。*靈界的科學：李嗣涔博士25年科學實證，以複數時空、量子心靈模型，帶你認識真實宇宙*。三采文化出版。

　　高橋舞腦中這項特別的腦神經動力學現象，是以腦科學的「事件相關實驗設計」方式與事件相關分析技術才觀察得到，無法以一般腦科學實驗的「區組實驗設計」與區組分析技術來觀察。究竟是高橋舞的個別現象抑或同樣能力者的普遍現象，有待日後更多具有同樣能力者的實驗檢測。

　　值得一提的是，J老師的先天能力展現，完全不需借助天眼屏幕做為一個心物交互作用的奇異點。有關個別先天超凡能力者、後天訓練學習而成之不同特異功能者，與高境界修行者的各種腦科學異象，並非本書所探討的課題，因此不在本書中深入討論。

### 自動書寫狀態下的腦

　　有一位老女士，先生是水墨畫家，她自己不曾學過繪畫也不曾作畫過。先生過世後極度悲傷，卻在一段時間後突然拿起筆開始畫畫，畫的竟是其畫家丈夫生前所想嘗試突破的新畫風，正在進行中就遺憾過世了。這位女士累積了相當多的畫作後竟然開了個人畫展，展出丈夫生前未問世的畫風新作。這種突然會自動書寫或繪畫的事蹟，在國內外都有，並不少見。

　　法國有名的超現實主義作家及詩人安德烈・布勒東（Andr Breton, 1896-1966）一生從事純心靈自動書寫與繪畫的超現實主義、自動主義藝術的創作[11]。超現實自動主義藝術家，是經由壓抑

---

11.Polizzotti, M. (1995). Revolution of the mind: *The life of André Breton*. Bloomsbury London.

自我有意識的作為，全程進入一種無意識的狀態來自動進行藝術創作。2021年一位西班牙學者認為目前的腦神經科學與心理學長期以來一直無法合理及完滿解釋自動書寫現象的機制，必須以「後唯物論神經科學」的思維，來合理接受是由外靈介入所致的一個解釋[12]。

巴西民間的自動書寫筆生與臺灣民間的扶鸞（扶乩）的鸞生（乩生）很類似，是一種透過靈媒或通靈者的無意識自動書寫的方式，來傳達神明意念所賦予神示內容的宗教行為[13]。自動書寫筆生通常是在一種解離、無意識與失憶的狀態下進行書寫，其實也就是處於靈附狀態。研究顯示，許多自動書寫筆生的教育程度並不低，無解離症的問題，也無任何精神疾病[13]，就如同我在J老師處所觀察到的「高等教育程度」及「無精神疾病史」的眾多案例一樣的情形。巴西民間的自動書寫筆生，其中最有名的一位奇科‧澤維爾（Chico Xavier）[14]，雖然只有小學教育程度，但寫過四百多本書，對當地社會影響深遠。其自動寫作的風格廣泛、主題豐富，銷售量達數百萬份，版權收入全部捐贈給慈善事業。從廣義的特異功能而言，這也是一位特異功能人士。但從J氏靈療的觀點，這是一種一般人所稱的神明代言人或執行神明意念的典型「執行型靈附」案例。

12.Bravo, V. H. M. (2021). A contemporary scientific study of André Breton's automatic writing. *BRAC-Barcelona Research Art Creation*, 9(2), 161-184.

13.Peres, J. F. P., et al. (2014). Neuroscience of trance and mediumship, in *The survival hypothesis: Essays on mediumship*, Rock, A.J., Editor. McFarland. 254-274.

14.Dias Correa, P. (1947). Psychography (automatic writing) in the light of medical psychology; psychodynamics of this and other dysassociations; discussion of world famous cases; the Brazilian case (Chico Xavier). *Hospital*, 32(1), 121-131.

有一項針對自動書寫筆生的功能性磁振造影研究發現，這些經驗豐富自動書寫筆生們進入解離的自動書寫狀態時，他們的腦部左側海馬迴（邊緣系統）、右側顳上迴皮質、左腦之腹內側前額葉皮質（預設模式網路的前成分）、左側小腦及右側運動前區的活性，都比自我意識清醒「非恍惚」的正常書寫的對照狀態來得低[15, 16]。這些自動書寫者們，沒有一位例外，事後都確認書寫內容都是接收到神明的訊息而逐字寫出，不是他們自己腦袋的思維。一個很合理的操作型定義的詮釋就是：與「自我」相關的預設模式網路與「自主權」的腦神經網路，兩者在解離的自動書寫（靈附）狀態下均受到抑制，或不需要執行正常書寫工作下所需的專注、自我監測與控制的認知處理，而導致前述相關腦區的神經活性降低，這些與自我意識與動作自主權相關腦區的神經活性異常，表徵了被附靈所入侵下的意識變異。

J老師有些案例，本身都是高等教育水平，無解離性疾患，也非乩童，但突然出現自動書寫與自動繪畫、或畫出自己也看不懂的符號或類文字的圖形。這些突然的自動書畫者，有些願意接受J氏靈療而完滿處理掉靈附的問題，也有些人則因為留戀這項能力而最終不想處理，選擇與附靈共處，繼續維持這種特異能力。只能感嘆人類本性中的貪，實是無始以來的無明，貪物欲也貪道行、更貪神通。但是，這是自己意志的選擇，自然也就要自負因果與最終身心靈所

15. Peres, J. F., et al. (2012). Neuroimaging during trance state: A contribution to the study of dissociation. *PloS One*, 7(11), e49360.

16. Peres, J. F. and Newberg, A. (2013). Neuroimaging and mediumship: A promising research line. *Archives of Clinical Psychiatry*, 40(6), 225-232.

須承受的影響。通常，求治者必須做懺悔功課，若其反省不能真誠深切到位，則J老師不會為他們靈療。

### 靈媒恍惚狀態下的腦

2017年由德國、巴西及荷蘭的學者與醫師們組成的一個團隊，因為注意到無精神疾病但有解離狀態經驗的人其比例比想像來的高，因而針對一個信奉唯靈論信念的團體，以功能性磁振造影進行對該團體成員處於靈媒恍惚狀態下的研究[17]。

雖然該實驗中靈媒們報告在靈媒恍惚狀態中，或出現「靈視」而看到一兩個「人或靈」在他們周圍、或出現「靈聽」能聽到諸靈在講話，或經歷個體的離體經驗、或可以在心裡感知他人或異體靈魂的想法與意念。但是，該唯靈論團體的平時修持與該次功能性磁振造影的實驗設計下，有強烈的近似自我誘導及自我暗示的方式以進入恍惚狀態的幻覺成分，而且在功能性磁振造影實驗中，當事人的自我意識仍是清楚的，這與典型的靈媒恍惚狀態下的意識解離、失憶，及本書所列之附靈意識入侵狀態相去甚遠。

該研究結果顯示靈媒在真實恍惚的實驗狀態下，其大腦外側枕葉皮質、後扣帶迴皮質、顳極、顳中迴和眶額葉皮質，比起想像恍惚的實驗狀態有相對更多的活化。腦部後扣帶迴皮質是預設模式網路的後成分，其增強的活性基本上反映了這群靈媒自訴在真實恍惚

17.Mainieri, A. G., et al. (2017). Neural correlates of psychotic-like experiences during spiritual-trance state. *Psychiatry Research: Neuroimaging*, 266, 101-107.

狀態當下的心路歷程：他們努力地進行內觀中，主動抑制外在的噪音與訊息（功能性磁振造影的掃描噪音很大）以及內在的起伏，避免涉入任何的認知活動影響他們的「放空狀態」。實驗過程中的認知處理成分，包括：主動抑制與自我監控，以及更重要的還加上一個類似自我暗示與期望的歷程，反而會活化預設模式網路的後扣帶迴皮質[4-9]。

　　一方面，想像恍惚狀態有更多作業相關的認知活動，會降低預設模式網路的活性。幾個因素此消彼長的加成，最後也就造成真實恍惚比起想像恍惚有相對更高之後扣帶迴皮質的活化。另一方面，後扣帶迴皮質活性在真實恍惚狀態下的增加，當然也有可能如同前述手指識字功能性磁振造影實驗中，天眼屏幕訊息出現時會引發後扣帶迴皮質活性增加的現象，反應了當下冥陽兩界雙向訊息的傳輸與接收。

　　必須一提，精神疾病狀態、催眠狀態、恍惚狀態、禪定狀態、靈媒恍惚狀態與靈附狀態，雖然都是屬於意識變異的狀態，但是彼此間的本質與意涵都不同，彼此間相應的腦神經動力學表現也不同。對腦與心智科學在變異意識與精神疾病領域的研究上，這項認知極為重要，詮釋預設模式網路神經活性與神經動力學的變化，尤其必須謹慎當下心智狀態與脈絡的交叉影響。

### 邪魔附身下的腦

　　以某種特定的儀式行為來驅趕依附在被附者身上的邪靈、惡魂、惡靈或惡魔，稱為「驅魔」或「驅邪」。驅魔趕鬼的儀式與施

作，依然是當今很多宗教體系尤其是基督宗教的一部份。天主教中執行驅魔的神職人員亦被稱為「驅魔師」，在西方國家大多為訓練有素之專業神職人員。在東方則有道士、法師、靈媒或擁有這種特殊能力的人。在驅魔過程中，驅魔者會透過祈禱或運用各種東西方宗教信仰的法器，如符號、符咒、聖像、十字架、避邪靈物等，或祈求上帝、或不同職級身份的天使、或神靈神明的幫助，來達成驅魔任務。

在《驅魔師》（*Un Esorcista Racconta*）[18]一書中，加俾額爾・阿摩特神父（Gabriele Amorth, 1925-2016）以第一手的驅魔經驗與受害者的見證，描述了驅魔過程中的種種附靈示現現象與過程，很值得讀者參考。

2018年，墨西哥一群醫學人員與教區之神父，嘗試利用功能性磁振造影及神經纖維追蹤技術來研究一位被惡靈附體的女性個案，並採用教會驅魔儀式來研究驅魔師介入之前後腦部功能性與結構性的生物標記。但因為掃描中附靈示現，被附者出現無法控制的強烈動作與暴怒情緒，為安全故而必須中斷腦造影掃描研究，之後雖有發表殘缺的個案報告[19]，但因為實驗過程與腦影像數據之分析方法不詳難以判定結果，論述也不夠嚴謹，在此也就不予討論。這個研究告訴我們，針對惡靈示現的腦造影實驗與研究，執行起來非常困難。

18. Amorth, G. (1992). *Un esorcista racconta*. Ed. Dehoniane. 《驅魔師：梵蒂岡首席驅魔師的真實自述》。王念祖譯。2017年啟示出版。

19. Vázquez, J. L. M., et al. (2018). Resting stated-tractography-fMRI in initial phase of spiritual possession-A case report. *Trends in Medicine*, 18(2), 1-6.

# J氏靈療的腦科學驗證

基本上，我並不認同科學的唯物論與過度的化約論，部分原因是因為物理世界與生物世界都會出現「突現」的現象，而超越之前發現的化約性規律。身為腦科學家暨研究型的臨床醫師，證據導向的追求是一個必然的科學驗證途徑。雖然現行的科學與科技，對許多變異現象的存在與生命的了解，仍然有許多困難與限制，但是所有嚴謹科學的機轉與應用研究，都必須從確立現象開始，尤其是對新的未知領域[20]。

## 證實徒手靈療的隔空效應

2019年底，我安排一位曾經接受J氏靈療的幫助而加速痊癒的T先生做臨床腦磁波檢查，並且央得T先生與J老師的同意，進行了一個嚴謹的靈療腦磁波檢測。這位T先生過去有幾次生病的病史，也曾請J老師幫忙過。該年在國外，因為罕見的大腦中硬脊膜血管動靜脈廔管突然破裂，導致T先生大腦出血溢入蜘蛛膜下腔及腦室，並近乎重度昏迷在住處，隔天下午才被發現並立即被送至當地最好的醫學中心。該醫學中心的神經外科主治醫師認為情況非常嚴重可能救不回來。家屬火速聯繫求助J老師，J老師當下施以遠距靈療[21]，家屬與同事並立即自發、誠心並持續不斷地做懺悔跪拜功課為他祈福，神

---

20.Pennycook, G., et al. (2020). On the belief that beliefs should change according to evidence: Implications for conspiratorial, moral, paranormal, political, religious, and science beliefs. *Judgment and Decision Making*, 15(4), 476-498.

21.Schlitz, M., et al. (2003). Distant healing intention: definitions and evolving guidelines for laboratory studies. *Alternative Therapies in Health and Medicine*, 9(3 Suppl), A31-43.

經外科醫師及時做保守的腦部引流及減壓手術，並於數日後做兩側血管的栓塞手術。再隔數日後飛機專程送回臺灣一家醫學中心加護病房繼續觀察治療，卻能快速地轉入普通病房，且神速回復健康。T先生自從轉入普通病房後，肢體動作並未完全恢復，動作很辛苦，但在醫院的病床上自己馬上努力地做起拜懺功課，肢體功能回復的速度，讓醫護人員非常驚訝。從發病到出院僅僅約一個月的時間，一點都看不出曾經走過一場生死關，並且很快地回到職場工作。

　　T先生的腦磁波檢測分四個階段：「基礎對照狀態」、「J氏假發功狀態」、「J氏靈療發功狀態」及「靈療後狀態」。T先生在此之前，已接受過多次J老師的靈療。T先生了解腦磁波檢查的整個流程，只是不知道J老師發功狀態的順序安排（單盲設計）。每個階段T先生皆完全清醒，並以一定速度、力道及抬手指幅度，規律地執行「抬食指運動」。抬食指運動是一個研究腦部運動網路的標準作業範式，我們對抬食指運動的腦部神經動力學與神經網路非常清楚。臨床上，抬食指運動範式經常被使用於運動障礙疾病的研究與檢測，及神經外科手術前功能腦區定位的常規腦造影檢測。檢查過程中，J老師分別於假發功及靈療發功階段，做平常隔空徒手靈療的動作。T先生則是分別做左手及右手個別的食指運動，我們一共分兩個階段測試完成。

　　在歷經重複分析與一再來回確認，腦磁波的檢測結果非常驚人。假發功狀態與基礎狀態之腦波顯示並無差別，但是J老師真正發能量靈療的狀態下，T先生腦部運動輔助區及運動前區的神經活性，

都比基礎對照狀態提升了2~4倍之多，臨床上稱為「治療的即時效應」。而且這個提升神經元2~4倍活性的效應，可以一直持續到「靈療後狀態」的量測結束（時間持續約十五分鐘），臨床上稱為「治療的持續效應」。究竟單次發功靈療的持續效應能維持多久，由於不在當時檢測的流程設計內，因此暫時無法回答。

　　我從事腦科學的研究三十多年，各種腦影像及腦波造影模式不同型態的神經動力學都很清楚，從不曾看過這樣的數據。奇特的是，這個能量不是氣功，不需要發功準備，亦無運氣的過程。對J老師來說，她的靈療與發功是自在隨意、收放自如，不假任何外力、咒語，更不假借任何器物輔助，似乎也不會耗損任何一絲她的元氣。

　　一個最可能的解釋：她本身就是一個未知能量形式的巨大能量體。

## 未知性質的力量

　　目前人腦科學與臨床上使用的非侵入性大腦神經調節技術，有經頭顱磁刺激術、經頭顱直流電刺激術、經頭顱交流電刺激術、及經頭顱聚焦式超音波刺激術（見第四章），但是沒有一種神經刺激術能如J氏靈療，可以瞬間活絡腦部神經元的自發活性達2~4倍之高，遑論安慰劑的作用。當然，一般臨床使用的「光照治療」，更是無法被用來解釋J氏靈療。

此外，利用基因學的方法，在腦神經細胞中植入光敏離子通道蛋白，藉由特定波長的光來調控神經活性的「光遺傳學」技術，是當前神經科學領域最先進的科技之一。光遺傳學可調節特定神經元的興奮性，可隨意打開或關閉欲調節之特定大腦神經機制，再經過光照頻率的設計，能引發不同神經調控的效果，以增益腦神經的功能及自我修復的能力。光遺傳學的終極目標是：偵測病發時的異常神經訊號，並且自行誘發光源以修補異常訊號及抑制發病。光遺傳學的技術，目前已從實驗室的研究用途，逐漸進入轉譯階段的臨床治療應用，例如：色素性視網膜炎、癌症、慢性疼痛疾患、失憶症及多種退化性神經疾病等[22-24]。只是，這個光遺傳學的機制，也無法解釋J氏靈療的療癒現象。

　　特別一提，腦磁波檢查的過程中，J老師的手並未接觸T先生的頭部或身體的任何部位，一切就如平常的J氏靈療，都是在隔空之下徒手完成。物理學認為目前宇宙有四個基本力：重力、電磁力、強核力、弱核力，其中J氏靈療最有可能的是電磁力，其他三種物理力基本上是不可能。基於高橋舞在天眼屏幕打開時，手掌會發出很大的電位變化，因此我們利用極度敏感的腦磁波低溫超導感測器，來嘗試測量J老師以意念發功時手部磁場的可能變化，結果是與2002年

22.White, M., et al. (2020). Taking optogenetics into the human brain: Opportunities and challenges in clinical trial design. *Open Access Journal of Clinical Trials*, 2020, 33-41.

23.Montagni, E., et al. (2019). Optogenetics in brain research: From a strategy to investigate physiological function to a therapeutic tool. *Photonics*, 6(3), 92.

24.Liu, K. and Wang, L. (2019). Optogenetics: Therapeutic spark in neuropathic pain. *Bosnian Journal of Basic Medical Sciences. Udruzenje Basicnih Mediciniskih Znanosti*, 19(4), 321-327.

的測量一樣，完全測不到。因此，J老師經由手所發出的靈療力量，本質上也不是電磁力，應是一種未知的形式。我們可以量測出J老師的靈療，作用在T先生的腦，所出現不可思議的腦神經活性效應，但卻測不到J老師的力量本身。我們無法理解這個能量的本質是什麼，究竟J老師的手指，所隔空發出的能量是什麼物理力，是何種能量，有待未來物理學界的先進參與研究。至於能量如何由J老師的手，隔空傳達到T先生的腦而產生作用，更難從傳統的物理與神經科學來解釋。

求治者個人在接受靈療當下主觀的感受則非常多元，諸如感受到光、電、風、暖、熱、涼、麻、刺、壓、脹、痠、通、舒散，或者同時帶有正向力道的慈悲、愛與其他等不同的感受。其中較常見的是感受到三道或一道強光或溫暖的光。我自己的腦科學研究所博士生接受J氏靈療時，她的感受是有一股暖流的注入。

在出靈時，受治者的雙眼經常是緊閉狀態，卻都能不可思議的清楚無誤說出正在靈療的部位。有一位女士，在接受靈療時，一群附靈們（前世幼稚園意外失火死去的童靈們）與她自己的意識同時存在，在雙眼緊閉的狀態下，J老師從其背後隔空徒手靈療，這位女士則是趴在地板，背對著J老師，卻直說：「老師，夠了夠了，太多太多了」，然後不停的跟J老師謝恩而熱淚盈眶。事後我立即詢問她靈療時的覺受，她馬上又淚水滿滿，說她清楚地知道J老師從背後源源不絕的注入熱熱無比的暖流，只能以慈悲與愛來形容。她說當下她有說不出的感動，無法承受如此「強大又溫暖的慈悲」的灌注。實際上，當下這個情緒感受，是同時來自她自己與身上多位童靈表

達感恩的疊加。記得前面我所述，J氏靈療一定是冥陽兩利，以平等心同時修復兩造的靈體與肉體。

### 遠距靈療的功能性神經造影研究

J氏靈療是一種不接觸受治者身體的隔空靈療。有關意念或意向能否傳給遠距的另一方而能被感知或接收到的問題，早年有一系列針對具有發送及感知意向能力的人之腦電波研究顯示，在感知遠距的意向發送者傳送過來訊息的同時，接收者的腦波會有相應的變化[25, 26]。

2005年一群美國學者使用功能性磁振造影技術，研究遠距靈療意向性的問題，希望確認遠距靈療的真實性及能否觀察到接收者當下的腦區反應[27]。實驗邀請十一位有遠距靈療能力的靈療師，以及十一位能感應這些靈療師所發意念的接收者來參加，實驗目的是在研究接收者的腦部神經動力學。靈療師則在另一處有電磁屏蔽的房間傳送意念（發送善的能量、善意或祈禱），雙方之間沒有任何的聯繫與串通。結果發現接收者腦部在發送者送出意念時段的同時，其腦部的前扣帶迴皮質、中扣帶迴皮質、楔前葉、後扣帶迴皮質、

25. Radin, D. I. (2004). Event-related electroencephalographic correlations between isolated human subjects. *Journal of Alternative and Complementary Medicine*, 10(2), 315-323.

26. Wackermann, J., et al. (2003). Correlations between brain electrical activities of two spatially separated human subjects. *Neuroscience Letters*, 336(1), 60-64.

27. Achterberg, J., et al. (2005). Evidence for correlations between distant intentionality and brain function in recipients: A functional magnetic resonance imaging analysis. *Journal of Alternative and Complementary Medicine*, 11(6), 965-971.

前內側及腹內側前額葉皮質呈現活化（神經活性增加）。這些活化的腦區。除了中扣帶迴皮質外，都是預設模式網路的神經基質，關於預設模式網路與「自我的意識」及「變異的意識」的重要關聯，已於前面第四及第五章中討論過。這個遠距靈療功能性磁振造影實驗所觀察到的現象，與前述手指識字天眼屏幕訊息出現時的現象一致，意味著當腦部接受到外來的非有形物理世界（靈界或附靈）的訊息時，預設模式網路的神經活性是增加的，這也更支持了我的科學性假說：「預設模式網路極可能是物理世界的腦與靈體（腦），或腦與靈界間的一個關鍵性樞紐與渠道，串連物理腦與靈界之間的訊息傳輸，從而影響個體的整體心識。」

值得一提的是，這十一位靈療師都同樣說到，他們的靈療力量及效應不是他們自己原有的，他們只是神明或宇宙能量的傳送器而已。雖然這項實驗的嚴謹度與周延度不足，研究品質有待提升，有許多細節未能掌握與交代清楚，且當時的研究者對這些初步的發現不解其義，當時人腦科學的知識也不足，因此並未受到重視。但是，現下我們重新檢視其實驗結果，才了解到當年該研究的初步發現極富意義與啟發性。

除了觀察到遠距靈療意向的傳送與接收可以由現代腦造影科技來觀察腦部的變化之外，該研究也點出了一個可能性：強大能力的靈療者的確能夠遠距影響受試者的腦神經動力學。這點我們在前述J氏靈療的腦磁波研究中已強力證實。研究者們同時也提到，可能必須引用量子力學中的量子糾纏理論，才能解釋發送者對接收者發出意念後，所隨附引發在接收者腦中不受空間距離與電磁屏蔽影響的

即時神經活性反應[27]。前述J氏的徒手隔空靈療在T先生的腦袋所引發的驚人反應，似乎也指向一樣的量子物理思維。

　　如果只以現有科學的知識（包括量子力學在內）來建構詮釋或者否定這些現象，必然再落入相對封閉的科學唯物論的邏輯與知識論的弔詭裡而不自覺。2021年一群理論物理學家發表了一篇論文，認為我們所存在的宇宙本質上是一個無監督式的自我學習系統，物理律會隨著時間而不斷自我學習、變化、演進，宇宙本身就是一個類神經網路[28]。設若如此，那我們現在所知道的物理律與生命律的知識，對一直在進化中的未來是不適用與不足的。這也意謂不同維度的宇宙，其物理律也可能不同。

　　J老師的神奇能力與J氏靈療所展現的現象，教了我們重要的一課：物理世界有其物理法則，透過當下的物理律來產生這個物理世界的作用與現象，那是自然且合理的，也是必要的。但是就如同人類目前對暗物質與暗能量無法具體的量測與理解一樣，我們雖然不了解在廣大的宇宙或多重宇宙中進化層次比我們更高階世界的心物法則與機制，但可預期的是他們應該有另一套運作的自然律。J老師曾說：「靈界（非物理世界的統稱）結構的複雜度，遠非低次元的我們所能想像。」

## 靈體存在的真實性

28.Alexander, S., et al. (2021). The autodidactic universe. *arXiv preprint*, arXiv:2104.03902.

由於J氏靈療特別重視冥陽兩利，所以當附靈所示現出的前世殘疾，在J氏靈療的力量幫助之下，也會得到痊癒。不禁思考，我們除了有一個物理性的身體外，是否也存在一個如J老師所說的肉眼看不到的「靈體」，而為物理性身體的一個「訊息性鏡像實體」？J氏靈療是直接療癒物理性的身體，還是透過對鏡像靈體的療癒，而達到療癒物理性身體的效應？是否靈體與物理性身體之間，也存在一個像量子糾纏般即時對應之「同構」關係？是否這種同構對應關係是遠距J氏靈療的機轉？這個靈體帶著物理性身體的訊息，隨著靈魂，離開死後的物理性身體，當轉世時道成肉身，靈體前世的殘疾訊息又轉換成物理性身體的先天性殘疾？靈魂就是靈體，是一個帶有累世物理身體訊息的能量體？……

附靈於受治者當事人的身上體現時，種種身體行為上的病態表現顯示，具有上述對應同構關係的「靈體」，應該是存在的。若我們接受「靈體」的存在，就能解釋前述第三章中所提美國維吉尼亞大學吉姆‧塔克教授團隊有關輪迴轉世時再現殘疾的研究結論，以及中國侗族坪陽再生人村百人案例中一致的發現。

### 附靈再現前世殘疾

J老師的諸多案例，其中多位我都曾全程就近觀察並記錄，並與他們深入交談，詳細了解他們在接受靈療當下的覺受。奇特的是，當附靈示現時，受治者當事人常是呈現該靈於前世時空最後留下的身心與行為狀態，例如：中風的中風、啞巴的啞巴、斷肢的斷肢、斷頭的斷頭、心臟病痛的依然心臟痛等等，這些表現並非求治者所

偽裝或事先所知情，實在歎為觀止。

　　一位女士患有腦下垂體瘤，後又罹患顏面神經麻痺，我親見附靈出現時對受治者百般控訴，並藉由求治者自己的手不停地大力掌摑自己的臉，咬牙切齒極度憤怒。但在J老師將附靈前世的鼻子兩側嚴重鼻竇炎的痛苦宿疾治好後，只見附靈不停地猛吸氣，立即能暢快呼吸，開心到感激涕零，直說J老師幫他治好他一輩子的痛苦，當下主動願意放棄原本對求治者的報復而離去。

　　另有一個案例，一位前世被求治者打斷雙腿的附靈出現時是用雙肘撐在地上爬行，而兩腿竟然無力地在地上拖行。在J老師幫他修復後，離去中途又再回來請J老師幫他開口，原來附靈前世是個啞巴。J老師原本要附靈在靈界修，但附靈奮力地搖頭表示「難也」。後來J老師仍幫他修復好咽喉開了口，於是再三感恩拜謝而去。依據J老師所言，之所以「難也」，是因為靈體一旦有重大的瑕疵或損傷，有時不是幾世內就能修得回來的。

　　不丹國的王太后多傑・旺姆・旺楚克（Dorji Wangmo Wangchuck, 1955-）在其《秘境不丹》（*Treasures of the Thunder Dragon – A Portrait of Bhutan*）[29]的書中提到與一位轉世靈童吉美・丹增・旺波（Jigme Tenzin Wangpo, 1993-）邂逅的故事。他在四歲時經過嚴謹的程序被認證是四百多年前的不丹王國最高統治

29. Wangchuck, A. D. W. (2007). *Treasures of the thunder dragon: A portrait of Bhutan.* Penguin. 《秘境不丹》。熊蕾譯。2012年九州出版社出版。

者丹增‧拉布傑（Tenzin Rabgye, 1638-1696）的第八世轉世。其中佐證的一個身體特徵之一就是眼睛的疾患問題：小靈童年紀雖小但卻已患有嚴重的白內障因而視力很差，而第悉丹增‧拉布傑也是因為同樣的眼疾，雙目在臨終前即已經失明。如果這個宗教意涵的轉世確實，則其中靈體與轉世肉體間的累世關聯就值得思索，所謂「難也」是需要好幾世的時間。

我曾親見多起案例當附靈示現在J氏靈療的療癒過程時，捧著前世被砍斷的、無形的頭或肢體，接回靈體並安置調整好的動作，並向J老師禮敬再三，然後拜謝離去，著實令人稱奇！

根據J老師所言，這些沒有肉身的靈體，其靈魂意識仍帶著前世離世時身體重大創傷或疾病的訊息，若轉世投胎就成為新一世的先天肉體缺陷或印記。這點充分解釋了第三章所提及之維吉尼亞大學團隊的轉世研究與坪陽侗族再生人的轉世敘說：出生就帶著與前世一樣的肉體殘疾。我所看過的案例，沒有一次例外，附靈經過J老師為其修復靈體後離開被附的求治者時，都是痛哭流涕頂禮跪拜感恩，然後欣然願意前去投胎轉世，因為J老師的慈悲讓他們的來世有了不曾想過、也不曾奢望的更好之條件，他們在靈界非常清楚明白此機遇千載難逢，因而願意放下前世結下的仇恨、瞋怒及怨懟的冥陽糾纏。

那麼，靈體的存在，有物理世界的方法能夠實證嗎？有蛛絲馬跡的臨床現象可以直接或間接推論嗎？

## 以遠紅外線照射幻肢部位能治癒幻肢痛

　　臺灣醫學會的國際期刊《臺灣醫誌》（*Journal of the Formosan Medical Association*）於2016年發表一篇由宜蘭大學、臺灣大學、臺大醫院三位教授及一位博士生所共同撰寫的一篇臨床醫學報告[30]。在嚴謹單盲安慰劑控制的實驗條件下，以遠紅外線照射患者們不存在的肢體部位，竟然成功地治癒三位截肢病患長期嚴重的幻肢痛。這三位幻肢痛的患者，都曾歷經各種正統醫學的醫治，但最終無效。實驗治療期間患者的疼痛指數很快的從最高的8-10分降到2-4分，同時每次幻肢痛的時間大幅縮短，而且效果維持了數年，病人甚至能達到近乎完全不痛的狀態。

　　我因認識其中兩位教授，曾親自詢問其中主導實驗的教授，以了解及確認更多未能寫入論文中的細節。在他們另一系列的研究中，研究團隊以遠紅外線照射一群截肢者已不存在的肢體部位，竟能夠引起患者對該幻肢部位的主觀肢體感受，同時亦引發可客觀量測的相應經絡電導改變。為何遠紅外線照射在一個已經不存在的肢體部位上，會產生幻肢部位的感覺？而且能夠調控腦部的疼痛神經訊息？

　　這項臨床案例報告提出一個假說，雖然有形的肢體經絡結構已然消失，而無形的肢體經絡訊息似乎仍然存在，只是其訊息的時

---

30.Huang, C.-Y., et al. (2016). Treating severe phantom limb pain by applying far infrared ray to 'phantom limb'. *Journal of the Formosan Medical Association*, 115(3), 215-216.

空結構與功能，是處於失序的狀態（如同帶有疾病訊息的對應靈體）。紅外線治療似乎調節了這個失序的經絡，而因此達到療效。這篇論文的作者群本來有類似的推論，只是這段論述，被期刊編輯要求他們拿掉免得驚世駭俗，最後僅同意簡略刊出三個案例的遠紅外線治療的觀察結果。

## 以運動想像治癒幻肢痛的啟示

我也曾經治療過幾位病患，同樣走遍多家醫學中心與醫院，但最終治療無效的嚴重幻肢痛病人。基於對幻肢痛腦科學理論的瞭解，我訓練病患運用簡單的「運動想像」，在心像中能清楚觀見並循序漸進操控幻肢的不同部位，讓一位因車禍導致之高位脊髓完全截斷之脊髓損傷，而罹患嚴重右下肢幻肢痛的病人，於門診當下即刻從10分的爆表極度疼痛降到5分的中度疼痛。之後，再持續每天練習一個月後回來複診時就已經不痛了，而且本來頻頻會抓起無感的右腿猛捏幻痛的行為也全然消失，令照顧他的姊姊稱奇不已。另一位病人是在服兵役期間左手扛的彈藥包意外爆炸，導致左上肢截肢後的幻肢痛，經過兩週密集的「運動想像」練習，左上肢的幻肢疼痛從10分減少到2-3分。而我所做的只是訓練他們如何透過意念及運動想像的實作，到能夠確實且隨意地控制他們心像中的幻肢，並執行細緻設計的運動想像流程，隨之調整了他們大腦的神經網路聯結與活性，從而改善了困擾他們數十年無法治癒的幻肢痛。

腦科學應用運動想像來治療幻肢痛的理論是：運動想像可以活化原始運動區、輔助運動區及原始軀體感覺區，讓殘缺斷線之肢體

其所對應之腦部的感覺傳入與腦部的運動傳出神經迴路重新取得協調，並且正常化不良的神經網路聯結，從而達到止痛的功效。國外的復健醫學也依此原理建立了「分級運動想像訓練課程[31]」，比一般的傳統復健療效更佳。對其中一位病人，我們用功能性磁振造影做了幾次追蹤，確認了病人腦部神經動力學與活性的改變。雖然我們可觀察到腦部有神經可塑性，但是這項腦科學的治療學理只是一個描述性的操作型論述，真正的機轉仍然不清楚。

類似的「傳入傳出神經訊息不協調」理論，臨床上也用在治療神經性耳鳴，或讓病人聽與耳鳴頻率相同的聲音，或將電極植入在病人的大腦聽覺區上，透過直接對大腦的電刺激，來減緩嚴重耳鳴的困擾。耳鳴，其實有一部分是因為腦鳴。我自己先前指導的一位博士生，目前是大學教授，曾任北部某醫院耳鼻喉部主任，利用一樣的原理，使用非侵入性的重複性經頭顱磁刺激技術來調節大腦聽覺區的異常神經元活性，而能對一些耳鳴的病人達到一定程度的療效。我的另一位博士生，目前是大學教授，同時是北部某醫學中心精神部的科主任，雖然也使用一樣的重複性經頭顱磁刺激技術，但則是基於不同的理論，來調節腦部的情緒神經網路，提供藥物治療效果不佳的重度憂鬱症患者一個新的治療契機。

所有不同類型的神經調節治療技術，如同其他的醫療手段，總是都會有一定比例的有療效者及無療效者，其原因仍然不明。精準

---

31.Limakatso, K., et al. (2020). The effectiveness of graded motor imagery for reducing phantom limb pain in amputees: A randomised controlled trial. *Physiotherapy*, 109, 65-74.

醫療想要達到的醫療境界就是個體化的有效醫療，希望能解決醫療手段的有療效及無療效之間的個體差異性問題。然而，因果業障是否也會造成最終各種醫療的無療效？

## 物理性身體與靈體的同構對應

以上類似神經訊息傳入的遠紅外線案例，以及類似神經訊息傳出的運動意念想像案例，兩者所呈現出顯著療效的現象顯示，似乎我們存在著一個有形的身體，以及另一個無形的靈體或能量體，經由腦袋的神經介面聯繫著兩個形體之間的訊息溝通。物理形體雖然實質上因受傷而肢體殘缺，但是無形靈體上的肢體依然存在，只是在身心靈互攝的情況下是處在受損的狀態。J氏靈療注重受治者的肉體、心靈與附靈的靈體三者同時的修復，或許其機制與用意即在此。而我應用運動想像的技術治療病人的幻肢痛，或許也是透過物理世界中之腦部運動與感覺系統間訊息的共軛強化，引動、調整、優化並恢復了靈體中之失序狀態，而達到治療幻肢痛的療效，這個想法也許並非是天馬行空的妄想。

物理世界的身體與無形的靈體彼此間，似乎具有某種「同構」的對應秩序與關係，只是我們還不知道這個靈體的存在方式以及訊息的本質是什麼。就如同物理學家雖然認為宇宙中約有96%是看不到、測不出的暗物質（約占23%）與暗能量（約占73%），卻難以瞭解並描繪出這些不可見的物質與能量是什麼一樣。生物醫學家一直埋頭在物理世界的分子醫學中找病因，但是對於無形的能量與訊息部分，正統醫學仍然所知有限或甚至不知如何研究。科學的發

展，必然要從現象開始，再逐步到原理與機轉，相信未來科研技術與知識體系進步之後，能夠進入並打開這一大塊未知的領域。

## 從動植物靈的靈附看現代泛心論與泛靈論

J老師的許多案例中，有示現是各種動物的附靈，也有植物或昆蟲的附靈。好幾個案例中的求治者，其前世中都曾經以獵殺動物為業或為樂，並且極盡殘虐或貪婪。有一位年輕男性求治者，出國去馬來西亞的蛇廟遊玩回來後，身體漸漸出了問題，經醫院診斷認為是僵直性脊椎炎，實際上卻是遭受諸多動物靈所附體。在接受J氏靈療時驚悚的示現出各種動物的動作與神情，最後數以千計的動物靈陸續同意離開。有些動物靈更是刻意讓病人再遭受一陣痛苦哀號的劇痛後，最終才甘願離去，為的是讓這位求治者親身感受當世被他所捕殺或殘虐致死的動物們當時所受的痛楚。這位年輕男士，在J氏靈療的處理下真心懺悔，並發願永不宰殺動物，最後是完全康復。

哲學與科學界又是如何看待動、植物的意識與靈魂的問題？

### 泛心論的復甦

所謂科學主義本質上是化約主義，若簡單的理論模式能夠合理或充分解釋我們所觀察到的現象，就不會去採用複雜的模式來詮釋對世界的了解，也因此科學唯物論長期以來排斥靈魂的想法，而現代生命科學也是遵循唯物論的一貫思維，對靈魂避而不談。

然而當代哲學家及物理學家則重新檢視了科學及醫學唯物論在

探討人類意識的本質及運作時，所無法克服的根本問題。就如同當代意識哲學家戴維·查爾莫斯提出所謂的「意識難題」，因為無法解釋由無機物的原子分子所構成的神經元與神經系統，如何能夠透過物理的處理（如電生理反應）展現出豐富的人類心靈現象與經驗，而因此又重新走回古老的「泛心論」。泛心論不是針對不同物體與元素之特別意識實體，而是主張心靈的性質是自然世界的根本特性，而且具有宇宙的普遍性。有形的物理實體在某種形式或某種程度上都帶有心靈或精神的性質，泛心論仍有化約論的影子，也想要找到能解釋心靈特性的基本單元，如同想找到構成物質的基本粒子一般。

## 人工智能世代的科技泛靈論

關於動物與植物是否也有意識與類心靈功能的研究，已有越來越多的跨領域科學家投入，不斷打開我們的新視野，也重新啟發我們對生命的了解。古老的萬物皆有靈之「泛靈論／萬靈論」，又重新成為科學與哲學思維的一個議題，意謂非人的動物、植物、一般物品、大自然的變化，甚至文字語言，都具有不同的精神或某種意識的力量。

人工智能世代則興起一個「科技泛靈論」[32, 33]，是傳統泛靈論的

---

32. Jensen, C. B. and Blok, A. (2013). Techno-animism in Japan: Shinto cosmograms, actor-network theory, and the enabling powers of non-human agencies. *Theory, Culture & Society*, 30(2), 84-115.

33. Richardson, K. (2016). Technological animism: The uncanny personhood of humanoid machines. *Social Analysis*, 60(1), 110-128.

現代數位版。目前的階段，「弱人工智能」科技已有多項特定能力超越人類，此刻更是直奔近似人類全智能的第二級「強人工智能」或「通用人工智能」，未來更會積極邁進超越人類的第三級「超人工智能」的科技發展。科技泛靈論，則是討論人類是否會造出一個超越人類自己的人工意識。這個爭議性很高的問題，必須回到意識是如何在人腦產生之腦科學的論述。

斯坦尼斯拉斯・迪昂教授基於前述人類意識的總體神經元工作空間模型（見本書第四章之「意識的工作空間模型理論」），認為人腦計算能力可分三個層次[34]：

1. 第零層的意識（C0）：無意識的資訊計算歷程。
2. 第一層的意識（C1）：這個階層的認知系統能保持及選擇資訊於總體神經元工作空間，並可傳播相關資訊，讓不同功能模組單位可靈活擷取、計算、應用和述說出來。
3. 第二層的意識（C2）：這個階層的認知系統能自我監控這些計算、自我參照、自我反思、元認知／後設認知，能主觀感知事件的正確或錯誤。

2017年時，他認為當時的人工智能絕大多數是處於第零層意識（C0）的階段[34]，至今越來越強能深度學習的人工智能已進入第一層意識（C1）的概念。可預見未來會發展出具有總體工作空間認知

34.Dehaene, S., et al. (2017). What is consciousness, and could machines have it? *Science*, 358(6362), 486-492.
35.VanRullen, R. and Kanai, R. (2021). Deep learning and the global workspace theory. *Trends in Neurosciences*, 44(9), 692-704.

建構之高級認知計算處理能力的人工智能以進入第二層意識（C2）的概念[35]。

值得深思的是，腦科學在討論意識，大都只能停留在操作層次及功能的層次，很難跨過真正的「意識難題」。高級認知計算處理能力是產生現象意識的充分條件、必要條件、或是充分必要條件？具備總體工作空間之高級認知計算處理能力的人工智能或人工智能機器人，就能突現主體的感質經驗與自我意識嗎？

泛心論、泛靈論與科技泛靈論持續蕩漾的同時，一個加入戰局更困難的形上學問題是：未來這些人工智能機器人或生化機器人，是否也會被外靈附體而產生作用與影響的可能？

很難想像的，J老師曾經處理過數件年代久遠古董器物上的附靈。有的是原物主死後因為執愛不捨而附於其上，造成這一世的擁有者其個人與家屬的連串生活問題的案例。人性的貪愛執念之強，可見一斑。

J老師曾經處理過一件水晶球附靈的案例。一位求治者高價收購了一個水晶球置於家中陳列，結果當事人卻感應到水晶球中有異物，身心受到劇烈干擾，心神不寧終至生病，因此囑咐其助理拿去丟掉。但助理深覺可惜，因為水晶球價值不斐超過數十萬元，因此內心竊以為老闆只是心理作用、疑神疑鬼。於是，將水晶球層層包裝後，放入一個裝洋酒用的絨布袋內，先幫老闆收好，暫藏於老

闔家中一個櫃子裡的隱密處。不料。當事人在毫不知情下行經該處時，卻驚嚇得直指著該隱藏處說：「櫃子裡面有東西，那東西還在」。這個反應著實將助理給嚇著了，才相信老闆並非心理作用。當事人專程來請J老師為其靈療，該物也經J老師處理後，人與物才都相安無事。

所以人工智能機器人能否自行發展出意識之議題外，又多了另一種可能性。

## 動物的意識

人類最親密的動物是狗，而狗也反應出能與人類溝通的靈性。這幾年來，狗狗的腦科學功能性磁振造影研究，提供了我們對意識複雜度不同的物種其腦部結構與功能的了解。從功能性磁振造影研究中發現，狗有類似人類的語言處理腦區，且是位於左半腦。其左腦語言區可處理人類所給予的正向情緒語言，右大腦則是處理情緒性的非語詞訊息[36-40]。

36.Bunford, N., et al. (2020). Comparative brain imaging reveals analogous and divergent patterns of species and face sensitivity in humans and dogs. *Journal of Neuroscience*, 40(43), 8396-8408.

37.Cook, P. F., et al. (2016). Awake canine fMRI predicts dogs' preference for praise vs food. *Social Cognitive and Affective Neuroscience*, 11(12), 1853-1862.

38.Dilks, D. D., et al. (2015). Awake fMRI reveals a specialized region in dog temporal cortex for face processing. *PeerJ*, 3, e1115.

39.Karl, S., et al. (2020). Exploring the dog-human relationship by combining fMRI, eye-tracking and behavioural measures. *Scientific Reports*, 10(1), 22273.

40.Prichard, A., et al. (2018). Awake fMRI reveals brain regions for novel word detection in dogs. *Frontiers in Neuroscience*, 12, 737.

　　研究亦發現人腦與狗腦在處理跨物種人臉與狗臉的辨識時，其神經學機制不同。狗腦也可以處理一些算數的問題，也能夠辨識人的簡單情緒[36-40]。結合認知神經科學的方法學及知識來探討狗狗的意識與腦功能的研究，目前仍方興未艾。可能的應用，如在各種訓練作業下，檢測狗狗的腦部反應，評估其是否可以勝任某項任務的能力，以作為導盲犬與警犬之挑選方式。上述研究指出，狗應該是有意識的，只是與人類的意識內容與複雜度不同而已。

　　J老師曾靈療過好幾種動物，幫助牠們恢復健康。也靈療過由不同動物靈轉投胎做人的數個案例。其中有一個貓靈轉世的案例，最讓我深思良久難以自已，因為整個過程我都在場。

　　一對香港的年輕父母帶著一個兩歲半的小男孩來求助。小孩從小視覺、聽覺、嗅覺等感官都很敏銳，但就是一直不會講話，社交行為畏縮怪異，被小兒精神科醫師診斷為輕度自閉症時，父母頓時感覺像晴天霹靂，母親尤其焦慮。J老師當下一看瞭然於心，直接問年輕的爸爸過去是否有養過什麼寵物。年輕爸爸說，他婚前養過一隻貓長達17年，疼愛得不得了，婚後不久貓死了，但在他的手機桌面四年來還一直都是放那隻貓的相片，時刻思念。J老師微笑著，只說了一句：「你將你的貓咪給盼回來了」。

　　這一下，夫妻倆像被電擊一樣全懂了。因為小男孩的所有行為舉止習慣都與他之前所養的貓非常雷同，喜歡用牙齒咬或用手抓家

裡桌椅的腳，喜歡用手指如爪般地去摳沙發布或桌巾。而且小男孩生活中喜歡插在兩夫妻間，不喜歡夫妻倆太親近，就像之前那隻貓的舉止一樣。還說，小男孩特別喜歡去聞他父親胯下的私處，且喜歡窩在那裡，而他的貓咪生前也是如此，男主人原來養的是隻母貓，叫做「囡囡」。在J老師與父母談話時，只見小男孩滑下椅子沿著牆角及桌椅下爬行著，並蜷縮在一個角落，還小聲的喵喵叫著。J老師治療了小孩並囑咐父母做拜懺功課。沒多久，父母寫信來說，小男孩已開始講話，而且各樣行為與學習也漸漸正常，特表感激。因第一個小孩的問題讓夫妻壓力重重，原本已不敢再生第二胎，經J老師說明而恍然大悟後，也就不再揪心，不久之後懷了第二胎，生產過程也很平順。

## 植物的意識

植物意識或植物神經生物學，是一個很具挑戰的領域[41-43]。最近一群以色列科學家於2019年發表了一篇論文，聲稱他們以麥克風來偵測，發現植物並非「沉默不語」的生物。當面對環境危害到它們的生命時，會發出人耳可聽聞範圍外的20-100 kHz之超高頻音波。當面對不同的危害狀況（如榨乾水分、切斷莖幹）時，植物會有不同相應頻率與強度的超高頻音波釋出[44]。研究團隊利用機器學習技

41.Brenner, E. D., et al. (2006). Plant neurobiology: An integrated view of plant signaling. *Trends in Plant Science*, 11(8), 413-419.

42.Garzón, F. C. (2007). The quest for cognition in plant neurobiology. *Plant signaling & behavior*, 2(4), 208-211.

43.Calvo, P. (2016). The philosophy of plant neurobiology: A manifesto. *Synthese*, 193(5), 1323-1343.

44.Khait, I., et al. (2019). Plants emit informative airborne sounds under stress. *bioRxiv*, 507590.

術，學習所收集的大量數據來分類並預測植物所處之不同的危害狀況，並得到很好的正確率。

　　該團隊希望未來能透過人工智能傾聽各種植物的聲音，可以幫助農民識別出個別農作物及環境的潛在問題，協助自動化精準農業的發展。雖然植物是否有意識，一直是科學界爭論不休的議題[45, 46]。這項研究指出植物也有主動的行為反應，只是與人類具有不同內涵與複雜度的意識。不過，這項已公開於學術平台的完整研究報告，尚未經過同儕審查，有待後續不同團隊的再證實。

　　有一位中年女士從小就喜歡恣意摘下任何盛開的花朵，將其搗碎製成顏料，當成指甲油來裝飾自己的指甲，並經常採擷花朵裝飾在頭上、帽子或衣服上。一次與朋友一同遠遊歐洲到荷蘭參觀花季時，即覺得不適，開始不停地眨眼無法控制，也造成許多不明所以的誤會。回臺灣後症狀依舊，找遍醫師查不出原因。也無法處理，最後來求助。J老師一見面，直接問她是否有去非常多花的場所，最後叮囑她做懺悔功課，並迴向給她之前所刻意傷害的花卉與植物，在J老師的靈療下，最後也就痊癒。

　　J氏靈療的許多動物靈及植物靈的附體案例，教了我們一堂課：

45. Mallatt, J., et al. (2021). Integrated information theory does not make plant consciousness more convincing. *Biochemical and Biophysical Research Communications*, 564, 166-169.

46. Taiz, L., et al. (2019). Plants neither possess nor require consciousness. *Trends in Plant Science*, 24(8), 677-687.

地球上的大自然是個生態系統，萬物互相依存互相協助，人類不能過度貪求非分，必須能取所當取、用所當用。要尊重愛護其他生命物種，若以娛樂或好玩的心態刻意傷害、殘殺、凌虐及破壞，就會種下不好的因果。凡事萬物，要心存感激與愛惜。

## 意識是大自然的基本性質與存在

腦與神經科學家從人類開始往下看各種不同層級的生物，仍然試圖以化約論的方式，如分子生物學及分子醫學等來找出意識的神經學基本單元，希望能架構出複雜生物體的意識神經學。

在唯物論主導的科學與醫學的框架下，我們排斥靈魂的存在，但是在心物相生且互動的多維世界開放思維下，加上靈魂（獨立於肉體的意識體）這個實體，卻讓這個娑婆世界之生老病死等好多問題瞬間可解。只是唯物論的支持者，由於無法突破「意識難題」，所以最後只能提出「意識是宇宙與物質的基本性質」的這樣一個泛心論式的公設性假說，透過物化心靈，來合理化唯物主義的思維。

### 意識的物理公式

物理學家約翰・惠勒（John Wheeler, 1911-2008）的名言：「萬物源自訊息」（It from bit），意謂物理世界的一切東西，都是源自於非物質的、有內存意義的訊息。我們對於大自然的了解，不是自然的物質本身，而是透過觀察與測量的參與行動中，所得到的訊息與解釋。這個非常抽象的概念，帶有唯心論的色彩。有了意識的參與，才讓這個物理世界顯出它的本質與意義來。

　　無獨有偶，當代物理學家馬克斯・泰格馬克（Max Tegmark, 1967-）提出了「數學宇宙假說」的萬有理論，認為一切物理性的存在都具有數學性的結構，反之數學上能存在的結構，也定然有相應的物理性實體存在。那些複雜到能擁有「自我覺知的數學子結構」的生物結構體（如人類）而言，就能主觀的感知到自己是存在於一個「真實」的物理世界中。他以泛心論及數學結構實在論的思維，將心靈意識當作是物質的基本性質或基本狀態之一。以數學參數來表徵意識，結合量子力學以及「整合訊息理論」的意識腦科學論述，來建構解釋宇宙的數學物理方程式[47]。

## 神經量子學

　　越來越多生物體中存在量子現象與量子物理作用的發現，因而國際上開創了「量子生物學」[48]新興學門領域。目前已被深入研究的科研項目如：神經細胞膜的離子通道、植物葉子的光合作用、DNA的突變與癌症研究、嗅覺傳導的振動理論、應用視網膜量子現象的生物識別系統、身體內的酵素活性反應，以及鳥類的磁場感應等[48, 49]。

　　與神經科學有關的「神經量子學」也並非新創的名詞，其原始

47.Tegmark, M. (2015). Consciousness as a state of matter. *Chaos, Solitons & Fractals*, 76, 238-270.

48.Goh, B. H., et al. (2020). Quantum biology: Does quantum physics hold the key to revolutionizing medicine? *Progress in Drug Discovery & Biomedical Science*, 3(1).

49.McFadden, J. and Al-Khalili, J. (2016). *Life on the edge: The coming of age of quantum biology*. Broadway Books.

概念已有幾十年了。諾貝爾物理學獎得主暨理論數學物理學家羅傑‧彭羅斯（Roger Penrose, 1931-）與神經科學家暨麻醉科醫師司徒亞特‧海門羅夫（Stuart Hameroff, 1947-）曾經共同提出一項臆測性理論，以神經細胞中之「微管」學說來論述量子意識的「精密協調的客觀縮陷」（orchestrated objective reduction）模式，就是一個實例[50]。這個理論認為意識的產生根源於神經元內微管結構的量子運作之精密協調，宏觀量子態塌縮的一瞬間大腦就產生意識，接著小部分微管束又開始進入疊加量子狀態，意識就逐漸消失。下一次「精密協調的客觀縮陷」時再產生新的意識，因此大腦的念頭宛如一波又一波般的「思想流」。不過李嗣涔教授最近的理論則持相反的意見，認為意識的產生是在形成疊加量子狀態時產生，而在量子態塌縮時消失。「精密協調的客觀縮陷」理論認為細胞裡面就有意識運作的量子力學之物理基礎，這點有異於傳統觀點認為意識是在神經網路的聯結運作中產生。神經量子力學基本上是結合神經科學與物理學中量子力學的領域知識，對意識的實體與現象進行廣泛層面的探討，但是目前仍是一個定義不明的領域。此學門的跨領域

50.Hameroff, S. and Penrose, R. (2014). Consciousness in the universe: A review of the 'Orch OR' theory. *Physics of Life Reviews*, 11(1), 39-78.

51.Baaquie, B. E. and Martin, F. (2005). Quantum psyche: Quantum field theory of the human psyche. *Neuroquantology*, 3(1).

52.Bernroider, G. (2003). Quantum-neurodynamics and the relation to conscious experience. *Neuroquantology*, 2(2), 163-168.

53.Carminati, G. G. and Martin, F. (2008). Quantum mechanics and the psyche. *Physics of Particles and Nuclei*, 39(4), 560-577.

54.Martin, F., et al. (2010). Quantum information, oscillations and the psyche. *Physics of Particles and Nuclei*, 41(3), 425-451.

55.Persinger, M. A., et al. (2010). Neurotheology and its convergence with neuroquantology. *Neuroquantology*, 8(4).

論述很多[51-55]，理論豐富但離嚴謹實驗科學相距甚遠，也因此被部分學院派的科學界與醫學界所排斥，而以偽科學或邊緣科學來看待。

回想起2002年時，李嗣涔教授找我一起使用腦磁波儀來研究高橋舞在手指識字當下腦電磁波的變化，他的理論假設之一是：當高橋舞的天眼屏幕打開時，能否觀察到腦部的波函數塌縮時之宏觀量子現象的電磁場改變。走筆至此，不禁莞爾一笑，我們當時想的就是結合物理學量子理論與腦科學的研究探討特異功能與特殊意識狀態的現象，原來我們竟然也是定位不明的神經量子學實驗發想先驅之一。轉眼人生二十年已逝，這個問題雖然依舊懸而未決，然而李嗣涔教授已做出非常前瞻的一系列科學研究，並且提出與靈界橋接的物理觀[56]。

基於J老師龐大數量的案例，所得到一個大膽的推論是：當個體處於第五種「附靈入侵下之意識變異狀態」時，附靈掌控下的腦部神經動力學的呈現，與求治者自我意識掌控原有腦袋時會有所不同。問題是，無形的附靈如何能倏然接管並掌控物理世界有形的腦袋與身體？靈體與物理身體之間是否存在一個無形與有形身體部位相互對應的架構？附靈是侵入、干擾且掌控了被附者「靈體腦部」的神經量子資訊表徵，從而掌控了物理腦與物理身體？附靈如何截斷被附者的物理腦與靈體腦的溝通及訊息傳輸，變成是附靈與求治者當事人身體的聯結？附靈（們）的意識如何劫奪了總體神經元工作空間模型系統與意識時空理論的運作，讓個體意識變成由不同身

---

56.李嗣涔（2020）。撓場的科學：解開特斯拉未解之謎，揭曉風水原理，領航靈界取能、星際通訊的人類發展新紀元。三采文化出版。

份的異體意識（們）來單獨或輪流掌控被附者的腦袋與身體？這些問題的解決有待未來意識與心智科學進一步的突破。

## 笛卡爾心身二元論與心腦二元論的再思

　　臨床上有一種疾病叫做盲視（blindsight），是由於大腦視覺皮質損傷而失去視力。患者能在無主觀的覺知意識下，對他們視野範圍內的物體有反應（但無覺受）或能做一定程度的描述，也有一些能客觀察覺與處理外在世界物理視覺訊息的能力。與盲視相反的是另一種少見的「安東－巴賓斯基症候群（Anton-Babinski syndrome）」，也是一種視覺皮質損傷，患者堅稱能夠看到東西且會刻意去描繪之，但卻無客觀證據證明患者能看得見東西，並能處理物理世界的視覺訊息。腦科學、醫學及心理學對前者的解釋是認為視覺的多重傳導路徑或可補償視覺皮質的受損。後者則是患者出現視覺忽略以致無病識感而虛構視覺場景。前者顯示主觀經驗的有無決定於神經計算歷程的完整程度，後者則顯示無絕對關聯。前者意味不同的現象意識源自於獨特的神經計算，後者則寓含個別現象意識的發生與正常神經計算不必然有絕對關聯。這兩個顯著相反的論述，一直是腦科學、醫學與哲學的討論議題之一。

### 一個神經外科醫師的觀點

　　加拿大的懷爾德・潘菲爾德（Wilder Penfield, 1891-1976）是一位腦外科醫生暨神經病學專家，是神經外科史上非常重要的一位臨床神經科學家[57]。從1940年代開始至1968年，他發表部分人腦的詳細功能腦圖，直接在腦外科手術中以微電流直接刺激意識清醒患

者的大腦皮質，而開創了劃時代的功能性神經解剖學及功能腦圖的領域，更是無遠弗屆地影響了之後所有的人腦科學研究。

奇特的是，雖然他的發現引發了此後科學唯物主義的腦與認知神經科學的研究與思維，但是他本人卻認為「心靈」與「腦」是兩種實體，心靈無法以神經解剖的方式定位出來，腦只是心靈傳輸與溝通的介面[57]。

## 笛卡爾劇院的真相

目前的腦科學知識及意識的腦科學理論基礎，均是建立在相對受限之時空解析度與侷促的三維角度下所獲得的神經資訊，來刻劃神經結構與神經傳導運作模式。但是瑞士的國家級「藍腦計畫」[58]的神經科學家亨利‧馬克蘭姆（Henry Markram, 1962- ），其計算神經科學的研究則指出，我們的腦神經聯結充滿了極度動態與複雜的高維幾何拓撲結構，而人腦神經資訊的處理按照數學的模擬應該是以高維度的方式運行。現行所有的意識腦科學理論模式，則並未納入高維拓撲結構的神經資訊處理概念。結合人工智能與目前問世的極高速量子電腦，以及發展中的神經奈米機器人，未來所能收取到的腦神經資訊將如天文數字般的巨量，屆時的意識腦科學理論模式將很難用現在的概念去理解與構建。

---

57.Penfield, W. (2015). *Mystery of the mind: A critical study of consciousness and the human brain*. Princeton University Press.

58.https://www.epfl.ch/research/domains/bluebrain/

法國理性主義科學家也是哲學家的賀內・笛卡爾（René Descartes, 1596-1650）於17世紀所提出的心物或心身二元論，認為意識需要一個非物質的靈魂，透過大腦的松果體與身體相互作用。這個理論被唯物論所主導的現代科學所排斥並揚棄，近代美國哲學與認知科學家丹尼爾・丹尼特（Daniel Dennett, 1942-）甚至提出「笛卡爾劇院中之小小人」[59]，來嘲弄笛卡爾的論述。笛卡爾模式被類比為在大腦中有個小劇院，劇院內有個「小小人（靈魂）」在觀察每個特定時間所有來自有形身體所投射在劇院銀幕上的感官數據，最後由「小小人」做出決定，並發出執行命令[60]。

　　人類意識如何能夠駕馭如此超級複雜又無比精密的生物腦與身體機器，這部奇妙生物機器的運作又如何產生了意識的感質，以當今腦與神經科學的知識仍無法解答。面對J氏靈療的現象，所有既有的心識理論與意識腦科學模式都捉襟見肘，而有不足之處。我們必須思考的一個可能性是：大腦基本上是一個自動化超級巨量運算的生物電腦接收傳輸器（人腦計算能力約$10^{13}$-$10^{16}$ operations/

59. Dennett, D. C. (1993). *Consciousness explained*. Penguin.

60. https://en.wikipedia.org/wiki/Cartesian_theater

61. Freitas, R. A. (1999). *Nanomedicine, Volume I: Basic capabilities*. Landes Bioscience Georgetown.

62. Martins, N. R., et al. (2019). Human brain/cloud interface. *Frontiers in Neuroscience*, 13, 112.

63. Martins, N. R., et al. (2012). Non-destructive whole-brain monitoring using nanorobots: Neural electrical data rate requirements. *International Journal of Machine Consciousness*, 4(01), 109-140.

64. Merkle, R. C. (1989). Energy limits to the computational power of the human brain. *Foresight Update*, 6.

sec，資訊處理速度約$5.52 \times 10^{16}$ bits/sec）[61-64]，而非意識的本體。2009年賣座驚人的電影《阿凡達》（*Avatar*）中的意象，具體展現了一個科幻的現代化與數位化的賀內・笛卡爾心身二元模式。2014年由強尼・戴普（Johnny Depp）主演的電影《全面進化》（*Transcendence*），戲中主角突破了技術奇異點，以「意識心靈上傳」技術離開了死去的肉體，從而蛻變成無所不在的量子訊息網路數位生命形態，最後再以「意識心靈下載」技術灌入到主角的一個人工複製體。這部電影的意境神奇，也傳達了更前衛的心物與心腦二元的概念與思維，但卻諷刺性地被評為年度十大爛片之科幻電影。

　　J氏靈療數以萬計的實例，促使腦科學、心智科學與神經哲學必須重新思考笛卡爾的心身二元論的真實性，以及延伸為心腦二元論的可能性。其中的一個困難點是，屬於不同實體的身腦與心靈，如何能有因果互動？電影《環太平洋》（*Pacific Rim*）的意象提供了一個很好的類比。操作巨型機器人的兩名或多名駕駛員彼此間利用一個叫做「神遊」的神經網路聯結技術，將數個人的心靈聯結在一塊，並同時聯結到機器人的動作與感官元件來執行控制與感應。根據J氏靈療的案例，附靈可藏於身體每個不同的部位，不一定要在腦袋裡。我們的意識體或靈魂並非侷促於腦袋一處。笛卡爾認為腦部的松果體為人體中靈魂與肉體的重要介面，這點我覺得必須修正。腦部的預設模式網路，尤其是靠近松果體的預設模式網路後成分，可能才是物理腦與靈體（腦）及靈界的心靈之門、介面或渠道。換言之，預設模式網路或許才是心腦作用的奇異點與樞紐，只

是目前的腦科學知識上無法了解這個「神遊」神經網路聯結技術的其中機轉。

笛卡爾劇院中的「主人」小小人（靈魂）是存在的，而在某些特殊情況下，能短暫或長期劫奪笛卡爾劇院的「外來」小小人（附靈）也是存在的，並且可以不只一位。這些小小人，可以經由、也可以不經由這個身體的五官，就可以在物理世界中利用這個劫奪過來的身體而行動自如（見本書第五章〈附靈對個體意識的入侵〉）。靈附現象，顛覆了目前有關感官知覺與行動的整套腦神經科學知識體系。科學唯物論與現代科學方法，的確建立起有關大自然之強大知識體系，但是誠如威廉・詹姆斯（William James）所言：「我們科學所知道的，僅是一滴小水珠而已；我們所不知道的，卻如同汪洋大海」。

我們必須認識到一件非常嚴肅的事情：物理世界（陽）與靈界（冥）是兩個互涉但是又獨立運作的宇宙體系，生物體與意識體應在其各自系統內，各盡其生命形式下的本分，與遵循各自世界中生命進化的法則，不應非分妄想而越界行事。然而，人體若是因為特殊或異常狀況而刻意打開或被打開了通道，是福是禍，必須審慎看待。潘朵拉的盒子萬一被打開而遭致無法預期的後果，又當如何女媧補天，重新封住通道，回歸正道與正常的生活？

反省與懺悔功課的實踐及J氏靈療，提供了一條不可思議的明路。

第 八 章

# 跨領域的科學與醫學觀點

本章邀請了五位不同學術與醫學領域之學者與醫師，從跨領域的視角來討論靈附與靈療的現象與生命宇宙的觀點。這幾位朋友的科學與醫學專業領域，涵蓋了生命科學、資訊科學、醫學、哲學、認知神經科學、藝術與社會科學等領域，都曾經參加過J老師的演講與跨領域學者賢達的深度座談。

在此，開啟一個平台，希望能彙集一些專家學者對意識、靈附與靈療的意見與觀點，讓科學家與大眾重新認識大自然本具的形上學因果律。這個生命因果律有別於牛頓的物理學因果律，但都是宇宙形成以來就在運行的自然律。以下專文排序係按姓氏筆畫順序，跟讀者們分享他們的觀點。

## 我死亡的那一剎那

李惟陽 ／ 羅東聖母醫院 主治醫師

忝為醫師並且為「兒童神經精神科學勵翔獎」的主持者，我卻和終身在學術塔中的學者有著截然不同的生命經驗。我曾經死過兩次，被救回來。一次是四十八歲，在溯北橫三光溪的時候被山洪暴發的急流溺斃，被同行的山友CPR救回來。另一次則是半世紀前、初入小學的年紀。我在家鄉恆春海濱，介於南灣和後壁湖之間的礁石海岸溺水。那次墜入深不可測的海溝溺水，在口鼻大量灌進海水的浮沉慌亂中意識漸漸模糊。腦袋一片空白中，見到一個額頭上有第三隻眼睛，身穿甲冑，手提三叉戟的武將漸漸接近，把我提出水面。那位武將的鬚眉眼睫、片片甲冑金光是那樣的真實，我至今沒

有忘記。我回神時，人已經站在淺淺的珊瑚礁石上，海水及膝往復沖刷。隔了幾年，讀到東方出版社的古典小說《封神榜》，才知道那是二郎神楊戩。

為什麼楊戩會在我認識他之前來到我面前拯救我？我曾是他的哪一個戰友或屬下嗎？還是我和哪吒有何因緣？之後的半世紀，我從來沒有嘗試明白過。拜讀謝教授的大作後，倏然警醒到那次經驗是否是極端危險中造成的精神恍惚、解離、或靈附？我四十八歲第二次溺水時，又是否意識狀態的複雜度已經無法被靈附？解離性身份障礙症是不是在不同的心理或情境中有不同的或顯、或隱？兩次瀕死狀態中，我的預設模式網路的活化或抑制狀態，又有什麼不同？

民智未開時期，許多不能膚受體驗的事物皆稱玄奧。但在人類了解之後，就由玄學進入科學。最好的例子，當屬人類對電與磁的了解過程。人類對這種無法簡易膚受事物的科學性掌控是有階段性的。第一是發現與描述，第二是分類與計量化，第三是能複製。電磁、超音波與不可見光等等皆是。靈學目前所在的位階，是僅僅非常少數人能體會的第一階段，而止於虛無未定的分類。套一句謝教授所引用，先奉摩尼教而後成為基督教理論大師聖奧古斯丁的名言：「奇蹟的發生並不違反大自然，而是違反我們對大自然僅知的那一部分」。也因為這樣，我們勉勵自己面對未知真理應有的謙卑且開放的胸襟就是：並非不存在，只是尚未能證明存在（Not absent, but not yet able to prove present）。

不論經頭顱都卜勒腦血流超音波腦血流的分析、腦磁圖、穴位電壓量測或功能性磁振造影，其實都只是拿人類已能感知的電磁，希望來測量不能感知的靈。可是我們必須理解這些儀器的限制。純數學的世界裡，一維線性空間上的點，永遠無法體會二維平面的廣闊無垠；二維平面上的點，也無法體會三維立體的浩瀚高深。是否普羅大眾的腦部能感知的維數不足時，少數人能在時空關係上多一維的感知，就讓人覺得來自靈界、具有神通？千萬人在時間軸上只能感知時光流逝的正向量，若有人能感知時光倒流的負向量，就成為能預言未來的通靈大師？自然世界裡的例子也俯撿即是。如果有人幸有候鳥的地極定向能力，一定被旁人視為魔力。近盲的蝙蝠，用超音波射向四周環境，再依接受到的反射波所形成的地景，可能有我們無法體會的迥異的美感，我們或仰之為神功。同樣地，若有一隻蝙蝠能體會到可見光和可聽聲波所形成的聲色世界，蝙蝠群必將視牠為靈媒。

　　多年來對尖端神經精神科學的投入，讓我理解除了基本的AMPA、NMDA等突觸受體，影響神經訊號傳遞的網路其實要萬般複雜和不可測。人類對神經可塑性的理解也僅在非常原始的階段。全國神經精神科學勵翔獎得獎學者中，幾位中央研究院生醫相關的學者近年的研究也有突破。他們證實操弄神經纖維束聯結腦區的抑制或活化，可以巨幅影響個性、認知和記憶。藉著擴散磁振造影，我們更可以了解腦部各神經纖維束聯結，像極了電腦主機內各零件的訊號纜線。這些訊號線的佈建是那樣的複雜多采，卻條理清晰，不禁讓我神往其臨床應用。如果我們能調控神經纖維束的起終點，

說得通俗一點，就是更動人腦中預設插槽銜接的排列組合，我們的靈性會有多天翻地覆的變化？人可以瞬有蝙蝠、電鰻或深海的康魚的異能？是不是開天眼就是調控神經聯結的結果？

　　一種想法：靈附是否就是極端環境下，求治者的神經訊號易轍到特殊神經纖維束的結果？而另一種想法，是否腦內的無限聯結，在出生後大部分被抑制，殘存的聯結形成了擴散磁振造影能僅僅測得的聯結體圖像。但當在極端生理心理狀況下，抑制解除，聯結倏生，人在時空感知的理解維度驟然增加，造就各種靈附、神通、特異功能或預知力？

　　人工智能的發展，多數靠電腦的學習，但是此方向上的人工智能，畢竟永遠只是晶片的集合，對理解生物智慧無裨。幾年勵翔獎中，我們看到一群科學工作者從另一方面著手，把晶片和神經細胞培養皿結合，讓神經細胞能對晶片起激抑調控的作用，晶片對神經細胞起定量量測的作用。從這個方向發展，更益於日後神經叢束的興奮、抑制功能的計量，或者易轍的調控。或許靈學的發展才會達到分類和量化的第二階段。會不會在第二、第三階段的到來，目前被主流宗教排擠、萬物有靈概念的薩滿信仰，反而凌駕諸教，重回主流？儒家所提倡的道德，部分被後世懷疑是封建統治者管理人民的工具。「道德」兩字對不同階層有不同的目的性。同樣的，天主教廷為特殊目的，發行的贖罪券也改變了道德的部分定義。那麼，什麼才是卸除政治或宗教籠咒，古今不易、寰宇皆配，顛沛造次皆於是的真正善行呢？

J老師所提出的懺悔功課醫治了上自社會菁英及知識分子，下到各色底層的人。懺拜，顯然非僅陽間統治者管束百姓的工具了，而是確實是能達到廣泛性個體和宇宙的互涉，以及個體內身、心、靈的和諧互攝。是否因此而進一步能讓冥陽兩界共領同遵，在受治者拜懺後，成為J老師對病人和附靈之間仲裁協調的金科玉律，終能成為靈療的基礎？我們當然期待更多的論述研究。

　　謝教授以學術尖塔最嚴謹的背景，對靈學做最客觀的審視。以此為發端，期盼靈學的研究，能在知識爆發的年代，匯入更多辯證與科研的泉源。下一個世代裡，穩健地進入第二和第三階段。到彼時，人類就不再受限於目前的六根（眼、耳、鼻、舌、身、意），而能縱橫更多的維向。生命的昇華，庶幾達成。

　　期盼再識二郎神楊戩，在靈學昌明之日。

## 以電腦模擬角度看J氏靈療

林一平　陽明交通大學 資訊工程學系 終身講座教授
前交通大學副校長、前國科會副主委

　　謝仁俊教授是人腦科學的資深科學家，也是疼痛腦科學的專家。仁俊兄的疼痛門診，病症千奇百怪，在詳細的問診與治療過程中，發現有許多在醫學與科學殿堂裡經常被忽略而看不到的現象。很多長期慢性疼痛的病人，心理與心識某種程度都出問題。因此仁俊兄除了努力以實證醫學的手段緩解病人的疼痛，更花費心力與時

間於治療他們的心靈。頭痛醫頭、腳痛醫腳容易，由肉體疼痛找到心理與心識的病源，難度極高。套一句電腦術語，這是高難度的虛實整合。

J氏靈療之眾多個案其身心問題不僅受到病患本身意識的影響，也受到病患之外的意識以及生命輪迴的影響。這個虛實整合套上電腦術語，就如同「意識物聯網」的概念。而當中的生命輪迴，若能窺視其奧義，甚至可以利用電腦遞迴的方式模擬。我在1990年發明的時間分割平行模擬演算法[1]，可以用來演算生命輪迴。

最讓人驚訝的是，「病患腦袋之外的意識」的擁有者可能是動物，也可能是植物。這個發現將整個問題提升到萬物有靈論的哲學境界。英國人類學家愛德華・泰勒（Edward Tylor, 1832-1917）認為萬物有靈論是宗教發展的第一個階段。而在本書，仁俊則刻意避開宗教信仰的論述。泰勒是文化進化論的代表人物，在宗教理論下過極深功夫，指出宗教具有發展普遍性事物的功能基礎。因此以萬物有靈論觀點發展出意識物聯網的J氏靈療，若能獲得科學實證，會超越宗教，將泰勒的文化進化論推進一大步。

細讀本書提到的理論，不禁讓我的思考如脫韁野馬，躍躍欲試地想由電腦工程師的直觀看法，在此野人獻曝一番。我個人並非醫學或心理學家，僅能以電腦模擬的角度來套入謝仁俊教授提到的種

---

1. Lin, Y.-B. and Lazowska, E. D. (1991). A time-division algorithm for parallel simulation. *ACM Transactions on Modeling and Computer Simulation (TOMACS)*, 1(1), 73-83.

種現象。電腦模擬的結果可能符合仁俊兄的結論，但人腦的反應，和電腦的運作可能完全不同。

一部電腦要啟動前，需先灌入軟體，才能運作。嬰兒出生如同新電腦。而行為遺傳則是灌入了父母電腦發展的程式，因此我們常說，某某人的舉止很像其父母。因為嬰兒一開始跑的程式和父母相同。後來隨著生活環境，修改了程式，漸漸和父母的程式產生差異。灌程式時，若不小心將父母本身累積記憶的部分數據集也下載到嬰兒腦中，嬰兒跑程式時，抓到這些數據集，就會完全呈現前人的記憶。靈附則是搜尋引擎，幫人尋找到外在的數據集，予以執行。有人能看到前幾代發生的事，是前人的數據集，一代一代被複製累積，直到某一代的程式因為某些機緣啟動，找到這些檔案。

禪坐、靈修提供了自我修改程式執行的輸入函式，尋找先人留下來灌入的數據集。修改對了就通靈，錯了就進入無限迴路，停不下來，走火入魔。這時需要外力按重置鍵組（Ctrl-Alt-Delete）（例如J氏靈療）才能終止怪異程式的執行。經由以上臆想，讓我推向「記憶體為中心的運算理論[2, 3]」。基本而言，有下述定義及假設：

定義一：意識是人腦能主動控制的程式碼執行前台任務的結果。

2. Keeton, K. *The machine: An architecture for memory-centric computing.* in Proceedings of the 5th International Workshop on Runtime and Operating Systems for Supercomputers. 2015.

3. Nguyen, H. A. D., et al. (2020). A classification of memory-centric computing. *ACM Journal on Emerging Technologies in Computing Systems (JETC)*, 16(2), 1-26.

定義二：無意識是人腦自動控制的程式碼執行後台任務的結果。

定義三：集體無意識是有血緣關係（祖先）的程式碼集合。

假設一：意識或無意識結果會寫入人腦的記憶體，能轉化為可執行的程式碼。

假設二：父母的程式碼會遺傳給子女，但不見得會被啟動。

定義四：禪修是將無意識記憶體儲存程式碼拷貝到意識記憶體的過程。

定義五：阿尼瑪（Anima）是定義三中男性血緣的程式碼集合。

定義六：阿尼瑪斯（Animus）是定義三中女性血緣的程式碼集合。

引理一：「記憶體為中心的運算」是達成假設一的方式之一。

　　經由以上電腦工程觀點的定義及假設，我們是否能推導演繹，來解釋本書所提到的真實案例？例如集體無意識是重複引用假設二的結果。如果靈附是能夠執行外來程式及記憶體的遠端呼叫程序，則根據假設一，靈附就是以遠端呼叫程序執行了他人的程式後呈現的行為。

　　數學學者症候群的自閉症小孩，能知道複雜數列答案，卻不知道如何導出。電影《天才無限家》（The Man Who Knew Infinity）的真實故事，以及達斯汀・霍夫曼（Dustin Hoffman）主演的電影《雨人》（Rain Man），都是「先天」學者症候群的例子。達羅德・崔佛特（Darold Treffert, 1933-2020）刊登於《科學人》

---

4. Treffert, D. A. (2014). Accidental genius. *Scientific American*, 311(2), 52-57.

（*Scientific American*）雜誌的文章提出假設[4]，透過電流刺激等技術，或某種專注練習來刺激或抑制大腦中的某些線路，或許可以喚醒大多數人腦中可能存在的「內在學者」。為什麼電流刺激大腦之後，這些人的解題表現就突然變好了？因為這些「瞬間學者」本來就「知道」許多從來沒有學習過的答案。經由假設二，崔佛特「本來就知道」的說法就合理了。根據定義二，電流刺激大腦，產生類似定義四的效果，崔佛特的推論，喚醒大多數人腦中可能存在的「內在學者」，就是將無意識記憶體儲存程式碼拷貝到意識記憶體的過程。本書提到禪坐、靈修的方式，是以自身修行觸發「內在學者」，而崔佛特則以外在電擊的刺激來觸發。

我引用崔佛特以下的句子，足以呼應本文提到的假設二。

無論是早年就出現或因腦傷而來的學者症候群，他們所表現出來的天賦，有可能是透過某種遺傳方式而來。我們的生命一開始並不是一面乾淨的白板，然後才經過後天刻畫上各種教育和生命經驗。我們的大腦可能一出生就裝載了許多天生的屬性，讓我們可以處理各種資訊，並理解音樂、藝術或數學的「規則」，這些學者症候群患者，比一般人更能接觸到這些內在天賦。

經由夢境了解無意識的活動，為西格蒙德・佛洛伊德（Sigmund Freud, 1856-1939）首倡，他宣稱夢為「通往無意識之王道」。很顯然，定義四應該將其範圍擴大涵蓋夢境的影響力。分析心理學的創始者榮格原本是佛洛伊德欽定的繼承人。深入交往後，兩人意見不合，後來分道揚鑣，相當可惜。本書中提到「榮格對自己的無意識大海的長征，與不同階段之夢境、幻想或幻視中的

有生命或無生命的人與物的對話與探索，其心路與心像，宛如通靈與靈附的意識狀態與意象」。榮格的心理學理論受到《太乙金華宗旨》影響。《太乙金華宗旨》據聞是呂洞賓（798-880）的著作，而呂洞賓「黃粱一夢」著名故事，尤其具有啟發意義。

　　關於禪坐，在《大橋驟雨》[5]一書，我提到經過禪宗佛教和禪修，史蒂夫・賈伯斯（Steven Jobs, 1955-2011）瞭解對自己心理過程的塑造。賈伯斯說：「當你開始靜坐觀察，會發現你的心思是多麼不安；如果你試著安撫心思，只會讓事情更糟，但隨著時間的推移，你會變得冷靜，且開始有餘力聽到更多微妙的事物。此時你的直覺開始旺盛長成，思緒越來越清澈。你的心神緩慢沉澱，此刻你能體會到前所未見的廣闊眼界。這是一種紀律；你必須實踐它。」根據定義四及假設一，賈伯斯敘述將無意識記憶體儲存程式碼拷貝到意識記憶體的過程，由不安到冷靜，而開始執行這個轉移的潛意識程式時，他體會到前所未見的廣闊眼界。在禪修的影響下，賈伯斯的思考傾向絕對的單純，並將之反映在公司產品的設計。禪修不只提升賈伯斯的審美感，也塑造他了解顧客需求的能力。賈伯斯有名的宣言：「我給人們的並非他們說他們想要的東西，而是給他們自己不知道，而卻真正需要的東西。」賈伯斯並不依靠市場調查，而是磨練內心深處的直覺，體會顧客的真正需求。如何訓練這種直覺？賈伯斯靠的是禪定，以及《華嚴經》所說的「不忘初心，方得始終」。

---

5. 林一平（2017）。*大橋驟雨*。九歌文化出版。

然而禪修是否是萬靈丹？我們是否只看到禪修成功的表相，而後面要付出很大的代價？換言之，賈伯斯將無意識記憶體儲存程式碼拷貝到意識記憶體的過程，由不安到冷靜，而開始執行這個轉移的無意識程式時，是否忽略了副作用？賈伯斯最後痛苦死於最難治最難過的胰臟癌，值得我們深思。在此，特別提醒讀者，禪修並非完全正面。許多不當禪修引起嚴重問題與後遺症的案例，已超越本文範圍。謝仁俊教授將另著專書討論禪定與腦科學，以及因禪修引起禪病與靈附的案例與問題。

　　我提出的「記憶體為中心的運算」理論並不嚴謹，無法依此遽下任何結論。尤其是套用於精神分析，仍太過於依賴隱喻，無法當成真正的腦或心理學的科學研究。更恰當的是將之視為電腦模擬的演繹。然而感興趣的讀者仍可試著以我不甚嚴謹的假設來和本書提到的案例比對。

## 對塔說相輪：一個科學家對靈療紀錄的反思

周成功 / 陽明交通大學 生命科學系暨基因體科學研究所 兼任教授

　　科學是我們嘗試瞭解外在世界的一個探索活動。探索的過程不外乎包括觀察、記錄、解釋、假說、推論、驗証等等。過去300年以物理／化學／數學為主的科學探究，已經讓我們對周遭的世界有相當深入的瞭解，同時也藉由這些知識建構出前所未見的物質文明。科學還有哪些未知的前沿領域有待開創？1945年范尼瓦爾・布希（Vannevar Bush, 1890-1974）提出了一份報告給美國政府，標題

是：〈科學，無窮盡的疆界〉（Science, The Endless Frontier）。這個標題反應出當時對科學未來充滿了無限想像的樂觀看法。但1996年，一個截然不同的觀點被提出而引起科學社群熱烈的討論，那就是約翰・霍根（John Horgan, 1953-）新書：《科學之終結》（*The End of Science*）[6]。霍根認為我們幾乎已經完全掌握了科學的大架構，未來不太可能會再次經歷像相對論、量子力學般的科學革命。

科學的發展真的走到了盡頭？或是科學對客觀世界的解釋力有一定的局限？對科學未來的發展抱持這種看法是否合理，從近代物理最近的發展，不難看出一些端倪。為了要解釋遙遠星系正加速遠離我們，物理學家提出真空中存在一種向外排斥的能量，因為不知道它究竟是什麼，姑且名之為暗能量。而探索宇宙起源更出現許多不同的假說，像多重宇宙、源自虛空的萬有宇宙等等。這些解釋都有如科幻小說，一般人難以理解。另外像結合量子力學和廣義相對論而提出十一維度的弦論，恐怕連多數物理學家都無法心領神會。這些科學解釋已經遠離了我們熟悉或是可用儀器量測的現實世界，而它究竟反應了多少真實，還只是一場嚴謹數學推導的心智遊戲？如果科學對客觀現象的解釋有其局限，那不就表示某些客觀現象的解釋可能已經超出了科學解釋的範疇，而需要另闢蹊徑？如果接受這個觀點，我們就可以往下去討論J老師的靈療了。

---

6. Horgan, J. (1996). *The end of science: Facing the limits of knowledge in the twilight of the scientific age*. Addison-Wesley. 《科學之終結》。蘇采禾譯。1997年時報出版。

看完J老師靈療過程的錄影，如果我們接受這是一個真實現象的紀錄，那無可避免地，我們就應該接受J老師的靈療，印證了靈的存在。如果我們接受靈的存在，那靈是什麼？它和我們身體之間是什麼關係？這些問題最簡單的回應也許是：靈就是靈魂；我們的肉身必須要有靈魂的依附才能運作。東西方的傳統文化中都有靈魂這個概念。西方基督教的傳統中，對靈魂的來去、修行著墨不多，只是很簡單地告訴我們：人必須透過信仰去清洗原罪，死亡後靈魂會離開肉身，等待最終上帝的審判。相反在東方佛教或道教中，對靈魂的來去、修行則有非常詳盡、繁複的描述。東方佛道對靈魂論述的背後其實只有兩個核心概念，一是輪迴；一是因果不滅。用這兩個概念為基礎，我們就可以瞭解並接受J老師靈療的過程和結果。

　　佛教對輪迴有非常詳細的描述：一個人死後靈魂脫離敗壞的肉身，稱為「中陰身」，然後依其前世累積的因果，決定下一世投胎的所在。而投胎就是「中陰身」在男女交合受精之際進入胚胎，與之共生成為肉身的主宰，同時透過肉身 （眼、耳、鼻、舌、身、意）的感知形成六識。所以靈的世界與物質世界一方面是相互對立不可跨越，但另一方面，在特定的時空條件下，靈又可以跨越這個界限依附／主宰肉身，而因果報應在此扮演關鍵的角色。

　　佛教處理因果是靠一個六識之外的第八識：阿賴耶識。阿賴耶識像是個巨大無邊的資料庫，無量劫來我們的起心動念、一舉一動、鉅細靡遺地都儲存在這個資料庫裡。更重要的是它永生永世伴隨著靈魂，不會因肉身死亡而消逝。更難解的是所有人的阿賴耶識

其實又是一體，無從分割。這和榮格「集體潛意識」的概念有幾分相似。因此阿賴耶識確立了人間／靈界因果不滅的基礎。

所以J老師靈療就是J老師的靈體透過與附靈的互動，讓附靈對被附者的身體產生的病痛減輕或痊癒。附靈與被附者前世中必然有些難解的恩怨情仇，因此在溝通的過程中，一方面J老師要說服附靈放下、原諒受治者當事人前世所造的惡業；另一方面J老師也要求被附者當事人必須透過拜懺累積功德，迴向給附靈請求被原諒，帶著善念，專注做到一心不亂，功德自然顯現。

這種靈療的作法其實相當符合佛教修行的精神。佛教認為我們每一個人的本性都是佛，是清靜法身，但被無明業力所蔽障。所以附靈若能「放下屠刀」，放下妄想、分別、執著，不就是能「立地成佛」了嗎？縱使未能完全放下，至少貪、嗔、痴的煩惱減少，加上額外的功德迴向，當然就可以歡喜地離開上道了。

那靈究竟是什麼？它與我們熟悉的物質世界怎麼互動？臺大李嗣涔教授提出了一個極有創意的想法[7]。他認為我們是生存在一個實數加上虛數的複數世界。物質世界是一個實數的世界；而靈的世界則是虛數的世界。實數和虛數之間的確無法進行「溝通」，但虛數的平方就變成了實數。表示實數和虛數之間仍然可能透過某種特定的方式進行「溝通」。而人與靈之間能否「溝通」？就得看這個人

---

7. 李嗣涔（2018）。*靈界的科學：李嗣涔博士25年科學實證，以複數時空、量子心靈模型，帶你認識真實宇宙*。三采文化出版。

先天的體質，像J老師可能先天就具備一種獨特體質，能與其他的靈溝通，當然也可能是透過後天修行而得到。

我們可能永遠無法用科學儀器量測到靈的存在。像天文物理學家口中的暗物質，不會和電磁力產生作用，所以不會吸收、反射或發光，只能透過重力產生的效應得知其存在。靈不也是我們必須透過J老師靈療的過程來認識它的存在嗎？科學儀器雖然不能直接量測到靈，但是否可能量測到靈對肉身產生的效應，讓我們還是可以像瞎子摸象般地，推敲出它一些依附肉身的特徵？

謝仁俊教授利用腦磁波儀，量測J老師發能量靈療對受試者腦區神經活動的變化，結果發現受試者的運動輔助區及運動前區的神經活性，在J老師發能量靈療時提升2~4倍之多，而這個效應可以持續到靈療後約十五分鐘仍未下降。顯示J老師所發的能量可能類似氣功的能量，也可能是J老師的靈可以直接去影響受傷腦區的神經活動。當然也可能是J老師的靈透過影響受試者的靈，去完成這個特定腦區自我修復的過程。

另一個有趣的實驗是，李嗣涔教授利用功能性磁振造影量測高橋舞小姐在作手指識字時，大腦中哪些腦區的神經活動發生變化，結果發現當高橋舞天眼屏幕打開時，大腦中預設模式網路的後扣帶迴皮質活化出五十倍於一般認知歷程所增加的神經活性。預設模式網路是人在發呆休息時，大腦中仍然十分活躍的一個特殊的神經網路。當平常人專注思考時，預設模式網路的活動反而受到抑制。高

橋舞天眼屏幕打開時，表示有靈界在傳輸黑袋中字型的訊息，為什麼此刻預設模式網路的活動沒有下降反而上昇？

　　預設模式網路是當前腦科學中一個熱門的研究領域，它與自我意識的形成有關。2012年美國科學家研究深度禪定與預設模式網路活動的關係，發現深度禪定時，他的預設模式網路的神經活動會大幅下降，同時人會感受到自我或主／客觀世界間的界限消失[8]。英國科學家給受試者迷幻藥也得到非常類似的結果。值得注意的是，當預設模式網路活動會大幅下降，伴隨清楚地知道主觀自我的消失，表示除了會消失的主觀自我外，另外還有一個能知的我，這樣才能感知主觀自我的消失。2015年英國倫敦帝國學院的研究團隊發表了一篇論文，其主標題生動地反應了這個弔詭的現象：「從自我消融中找到自我」[9]。

　　意識的科學解釋需要一個超越性的假說來整合。假設靈魂可與大腦互動，統合我們對外界所有的覺知（無明），因而產生虛幻的自我意識。但如何覺察靈魂的本來面目？佛教經典中，像《金剛經》：「應無所住，而生其心」；《六祖壇經》：「不思善，不思惡，正與麼時，那箇是明上座本來面目？」指向修行的目的是要去無明而見法身，也許提供了一個新的思考方向。

8. Brewer, J. A., et al. (2011). Meditation experience is associated with differences in default mode network activity and connectivity. *Proceedings of the National Academy of Sciences*, 108(50), 20254-20259.

9. Lebedev, A. V., et al. (2015). Finding the self by losing the self: Neural correlates of ego-dissolution under psilocybin. *Human Brain Mapping*, 36(8), 3137-3153.

J老師靈療的紀錄究竟帶給我們什麼樣的訊息？《莊子‧齊物論》：「六合之外，聖人存而不論。」我們可能終究無法一探靈的究竟，但J老師靈療呈現的因果不滅，不正提醒我們時時都要敬畏因果，更要好好做人嗎？

## 關於附靈與意識問題的若干雜感

陳一平 陽明交通大學 應用藝術研究所 教授/前所長
通識教育中心主任

　　在本書當中，謝教授提到許多J氏靈療的精彩案例，我有幸在謝教授安排下觀看許多J氏靈療現場的錄影材料，我在此從一個比較的眼光，來思考我們可以如何看待這些無法從傳統醫學與心理學來解釋的現象。

　　當年佛洛伊德創建精神分析，強調出無意識在人的性格形成、行事動機、心理與身體的困擾等問題的決定性力量，佛洛伊德無疑擴充了世人對於人類心靈畛域的理解，原本人們普遍認為所謂的意識，等同於所有我們明意識可以觸及的心智活動之總和，猶如物理學家原先以為宇宙僅由我們有能力觀測的物質與能量所構成。佛洛伊德則指出，看不見的暗物質與暗能量（無意識），才是構成我們精神動力的發電廠。一旦我們對心靈版圖的想法被擴充了，無意識的主題無論是在精神醫學還是文學藝術領域，都發揮了非常巨大的影響。

　　就這點而言，謝教授在本書當中所呈現的J氏靈療現象，也類似佛洛伊德所作的貢獻，J氏靈療的現象若完全成立的話，我們也就面臨一個必須擴展我們對於身、心、靈關係的想法之挑戰與機遇。佛洛伊德並沒有推翻在他之前的意識學說，只是加以擴展了。同樣的道理，J氏靈療所揭示的，是一個有可能可以含攝現代身心醫學，但是架構更為恢宏廣大的信念體系。

　　再回到佛洛伊德，雖然「無意識」後來成為科學界、文化界普遍接受的構念，但並不是所有心理學家都同意佛洛伊德關於無意識裡頭的內容物的想法。佛洛伊德眼中的無意識充滿原始有力的生之本能（性慾）與死之本能（攻擊性），對這些力量馴化的失敗造成個體各種的精神問題或心理困擾。後來的人本心理學家認為佛洛伊德對無意識或是人性的理解，是建立在臨床案例的觀察，這些案例普遍而言精神健康不佳，心理素質脆弱，由此建立的無意識概念並不完整反映健康人無意識的狀態。人本心理學家因而主張研究光譜上另一極端個案（極端健康，至為卓越不凡的人）的重要性，以避免我們將某個方向的異常當作正常來看待而不自知。

　　對應到本書所描述的靈附案例，因為都是緣於案主遭遇各類身體的疑難雜症來求助，在這樣的脈絡下觀察到的靈附事件猶如佛洛伊德接觸最多的案例一般，可能呈現出來的是靈附現象中偏向陰暗面的樣貌。我在此強調：我沒有相關的專業可以支持我的立論，只能討論邏輯上的可能性。

靈附現象有沒有偏向積極光明面向的案例呢？謝教授提及天主教對傳道人或教徒的「封聖」，必須要展現至少兩次被證實的神蹟，而神蹟顯示的方式當中，至少有些現象與靈附應該是相關的，例如五旬節派和靈恩派認為信徒在禱告時出現「說方言」（glossolalia，亦即滔滔不絕涌出一般人無法領會的自發性語言，在基督教的脈絡之外亦稱靈語或天語），是一種被聖靈充滿的體現，是一種有益於堅定信德的現象。

　　唯一被羅馬教廷承認的「聖傷」（信徒在身上出現耶穌被釘十字架的五道傷痕），是聖方濟各（Saint Francis of Assisi）最有名的神蹟之一，假若教廷的判定是正確的話，聖方濟各的聖傷應該也是某種形式的靈附結果，只是這樣的靈附不但不是冤家上門，反而是至高的榮耀。

　　回到我們身處的時代，關心另類靈性與「新時代運動」（New Age movement）的讀者們可能早就習慣在書店的書架上或網路上看到大量藉由通靈的方式所傳訊的文本及心靈成長體系，諸如賽斯資料、歐林和達本、一的法則、克里昂、巴夏、與神對話、奇蹟課程、光的課程等系列書籍；或是臺灣本地的《老神再在》、《光的旅程》、《觀音之愛》、阿乙莎系列書籍等等。這僅是一小部份的清單，但足以顯示藉由某種靈體的靈附向世人傳遞超越物質世界框架的訊息，已經是當前靈性文化當中非常熱絡的現象。但無論如何，大家應該不難有共識，就是傳達這些訊息的靈體，大概與本書所舉的案例不在同一個檔次，也就是他們不太可能是因執念而困於中陰界，乃至無法繼續前行的存有。

　　這就讓本書報導的J氏靈療案例帶給我們的啟發更為深刻。意識可以存在於肉身之外嗎？或更廣闊地說，物質的載體之外嗎？J氏靈療案例中甚至有動物靈的出現，從動物靈到人類靈體，進一步到上述新時代傳訊的高靈，其意識的複雜與廣闊程度似乎有階層性的高低差別，是否存在某種意識演化的階段區分呢？人類的意識在這演化階梯當中，是處於相對入門的未開化狀態，還是相對成熟的已開化狀態呢？單單「意識如何在大腦當中運作」的問題就吸引無數科學家、哲學家的探索，可以想見以後的意識科學還有非常廣大的議題要涵蓋，還有無數的問題有待解答。

　　擴充了的意識概念不但為科學界帶進許多值得探討的問題，也會對我們社會文化帶來一些新的衝擊。我所指導的博士生策展人高森信男曾於2014年在台北鳳甲美術館策劃一檔展覽—臺灣國際錄像藝術展《鬼魂的迴返》（*The Return of Ghosts*），該展覽的核心主題涵蓋泛靈論、超自然經驗、巫覡祭儀以及神鬼之說，參展藝術家的作品有多件涉及藉由通靈方式，創作者在某些外靈的協助或直接指導之下進行的創作。後來在高森信男的論文提報中，我們邀請了科技法律所專攻智慧財產權的專家擔任委員，討論在這樣的創作脈絡下，著作權的歸屬問題。當時科法所的委員表示就法律而言，著作權法中，著作人之定義為創作著作之「人」，所以著作權僅能屬於自然人或法人，沒有討論其他存有之權益的空間。

　　所以篇帙浩瀚的《賽斯資料》（*Seth Material*），技術上完全由賽斯通過珍·羅伯茲（Jane Roberts, 1929-1984）在通靈狀態下

口述，而由珍‧羅伯茲的丈夫羅伯特‧巴茨（Robert Butts, 1919-2008）整理錄音檔案打成文稿，最後發行出版的時候，作者是珍‧羅伯特，沒有賽斯的名號。對照本書第六章H先生的感嘆：

> 雖然是助人，但是我使用的都是祂們的靈力，一但死後，我今生就像空白一樣。因為不是使用自己的力量在助人，我用的都是靈的力量，所以所有功德都將算在靈的頭上。

這兩個案例形成有趣的對比：功德的算法，功勞歸於技術（資訊）的擁有實體；著作權的算法，功勞則屬於說出或寫出內容的作者，即使材料完全是聽寫而來。我們大概很難去修訂功德算法的規則，但隨著意識概念的擴展，我們或許在思考享受權利，負擔義務之資格對象時，有一天必須在自然人、法人之外增加意識實體之類的類別。

關於意識的腦科學或意識的科學理論，向來都是門檻極高，一般大眾很難窺其堂奧的內容。謝教授在本書第四章〈意識的腦科學〉中所作的文獻整理與問題爬梳，充份展現他大師級的專業功力，饒是如此，讀者還是必須自備訊號處理的基本素養，預先理解時間域與空間域的意涵，才能跟得上這章的論述。門票很貴，但非常值得購買入場。

我在欽佩謝教授深入淺出之功力之餘，其實對當代的這些意識理論還是有點小失望。書中介紹的：無論是總體工作空間理論、總體神經元工作空間模型、還是野心最大的意識時空理論，本質上都

是關於意識表徵的理論，而不是真正關於意識的理論。亦即這些當代最好的理論都嘗試提出：「當意識正在運作時，大腦各部位都在做什麼事，怎麼做」的猜想，而不是我們的現象意識的主觀性究竟如何生成的解釋。也難怪謝教授會評述即使意識時空理論，也還解決不了心靈意識哲學家戴維・查爾莫斯所提的「意識的困難問題」或「意識難題」。也許意識永遠無法從非意識或無意識的元件組合中誕生。

我不是數學或物理學家，但直覺上對書中謝教授描繪當代物理學家馬克斯・泰格馬克的論述，心有戚戚焉。

他以泛心論及數學結構實在論的思維，將心靈意識當作是物質的基本性質或基本狀態之一。以數學參數來表徵意識，結合量子力學以及「整合訊息理論」的意識腦科學論述，來建構解釋宇宙的數學物理方程式。

也許我們設想意識就是物質的根本特性，才有機會發展出真正能夠回答意識難題的理論。期待那個時候，謝教授會為我們再作一次精闢透徹的導覽。

## 笛卡爾式的心腦二元論回歸：
## 一個科學、哲學、與宗教的沈思

鄭凱元 陽明交通大學 心智哲學所 教授
前陽明大學副校長
前陽明大學人文與社會科學院院長

　　在二十世紀的前半部，再平常不過的意識與心靈現象其實並端不上科學的檯面，在專門研究心靈現象的心理學領域裡，心理歷程與意識現象均被視為是黑盒子，作為「真正的」科學，心理學只能建立在對相關刺激及行為的客觀觀察與量測上，而作為主觀性的存在，意識與心靈只能被否定，排除在合法的知識體系外。時序進入二十一世紀，情況似乎沒有本質上的改善，意識與心理現象雖然得以納入科學的研究課題，即使科學家與哲學家仍對它們感覺萬分棘手，往往欲除之而後快，物質主義的化約論與取消論乃是其中利器，甚至是許多科學家的預設，但屬靈的現象則面臨和二十世紀前半部心理與意識現象一樣的命運，被排除在合法體面的研究大門外，研究者往往直接被貼上「不科學」、「偽科學」、「怪力亂神」的標籤。

　　如今謝教授以醫師科學家的身份，真切而誠實地面對其豐富詳實的第一手臨床及臨場的長年實證觀察，並試著運用扎實的學理及嚴謹的推理，整合腦科學、物理科學、及哲學等等領域的學術資源，將傳統上會是屬於宗教範疇的 J 老師靈療現象端上學術檯面，探究其背後所可能顯示的機制與本質屬性，並思考人在道德上與存

在上將如何重新被定位，這樣的才識與勇氣著實可貴，已然在當前學術界立下一個新的里程碑。我也相信，百年後會見真章！

要理解謝教授的突破處，我們可從笛卡爾談起。笛卡爾在科學捲起千堆雪、動搖天主教與基督教千年來作為歐洲人安身立命的基礎之時，重新定位人是什麼，他著名的身心二元論即是此探索的成果，並以如下的懷疑方法論進行其探究。人在面對變化多端的世界，是否能擁有確定無疑的知識？首先，透過感官知覺所獲得關於外在世界各種樣態的信念，無法被證成，因為這些信念，無法和在夢中所產生栩栩如生極為類似的感官信念能有所區別，換言之，外在世界的存在，可以被懷疑。至於不須仰賴感官經驗所能證成的數學信念，例如「2 + 2 = 4」，也一樣有被懷疑的空間，因為我們無法排除有惡魔在欺騙我，在我腦袋植入「2 + 2 = 4」的信念，而其實2 + 2 = 5。那依此嚴格之標準，是否存在絲毫不被質疑的信念呢？笛卡爾認為有，即我正在懷疑的思考活動本身，無法被懷疑。我存在的最核心方式，即是思考，而思考的本質，有別於外在世界，後者有被懷疑的空間，前者沒有。如此「我思故我在」的導出，其內涵是一個本質上身心屬於不同二元實體的立場。

上述在其《沈思錄》（*Meditations*）一書中所呈現的奇特哲學論述廣為人知，比較不為人知的，是笛卡爾的宗教養成對此種哲學思考的深刻影響。他年輕時曾在拉弗萊什（La Fleche）的耶穌會學院待過八年，該院每年均有一聖週，期間會有為期八天進行密集靜思囈語的鍛鍊，有些較長的訓練可達三十天之久，而其中最重要的

是對靈的分辨：我如何得知我所見所思，不是來自魔的欺騙？這樣的宗教性實作，其目的主要在養成習作者將己身之意志，服膺至上帝的意旨，成全對「良善」的追求。這樣的宗教鍛鍊與內涵在當代學術體系當然已被排除，但對笛卡爾的哲學性思辨的影響，卻扮演著原創性及終極關懷性源頭的角色。

雖然笛卡爾的身心二元論和基督教相信靈魂存在的傳統是相符的，但在文明推展的意義上，卻是有很大的不同，因為其靈魂存在的論點不是來自宗教的獨斷信仰，而是來自理性思辨，透過理性的主導，得以重新安身立命：身體屬於物質世界，如同一個嚴密的機器，受物理定律所掌控，而心靈則是屬於完全不同的實體界，不受物理定律所控管。弔詭的是，西方世界在笛卡爾之後近五百年的發展，在科學對物質世界的解釋與操控取得巨大的成果下，走向試圖將心靈實體取消、將意識現象化約到物理性法則所支配的世界之途。此路帶來許多物質文明的進展及社會政治的變革，但其所遇到的道德與價值建立之困難，以及所帶來的生態環境之威脅，讓全盤而根本地探索人要如何重新被定位，成為一個迫在眉睫的當代課題。謝教授此書可在此課題下被看待。在處理靈療現象的背後，是對人的重新理解與在存在上的終極關懷，在處理的方法上，是科學、醫學與哲學兼具的理性整合，在本體論的結論上，是一個心腦二元論的導出，在倫理實踐的建議上，是一個良善的追求。在許多重要的面向上，謝教授的書可說是一個二十一世紀笛卡爾哲學理論的復興。其中若有修正，是因應腦科學的進展，而在實證上做出人體中靈魂之樞紐應是預設神經網路而非松果體的修正。

　　謝教授所提出的二元世界如何被理解？李嗣涔教授對此曾提出一個被周成功教授譽為「極有創意」的想法。李教授認為心靈具有量子力學裡所描述波的一些核心性質，而波函數裡內含著難解的虛數。他主張，實數所指涉的是笛卡爾座標上的數值，虛數乃指笛卡爾座標上反向的數值，至於心靈，則是座落在虛數所處的向度，身腦則處實數的向度。人作為身腦與心靈並有的存在物，則是生存在一個實數加上虛數的複數世界。笛卡爾在思考心靈本質的過程裡，整合了他在那個時代所可以運用的最先進學術資源協助他思考，其中包含他自己在數學上的創時代發明：融合了幾何與代數的分析幾何學。他論述：任何物體均具外延性，因而可在xy座標上被給予空間上的定位，然而心靈的主觀性缺乏外延性，無法在xy座標上被定位。由於在空間定位屬於物體的本質，因此無法被定位的心靈必然屬於非物體場域。李教授在波函數公式的基礎上，進一步說虛數指向笛卡爾座標所描述之外的向度，該向度則是心靈之所棲。這樣的解方，無疑會被周教授讚為深具創意，因為其思路與笛卡爾如出一轍，說是其延伸也不為過，也更凸顯謝教授的心腦二元論深具笛卡爾哲學的精髓。

　　然而笛卡爾二元論最大的困難在於，屬於不同實體的身腦與心靈，如何能有因果互動？我們對因果性的理解，來自物理性定律，然而心靈作為不同實體，服膺於屬靈的定律，對此種定律我們應是一無所知。換言之，我們對於身腦與心靈如何進行因果互動，應也是一無所知。若是如此，如何能有靈魂乃棲居於大腦特定部位之假

說，此假說如何能有理據？謝教授將松果體修正為預設神經網路，也將遭遇類似的詰難。笛卡爾的二元實體說或許是太強的形上學主張，或許某種較弱版本的「一元實體、二元性質」能有較高的說服力？如此也較貼近亞洲哲學傳統裡，身腦與心靈均同屬廣大一體的自然界，即使二者在屬性上有明顯之不同？而謝教授在書中也確實提及，身腦心靈為一體。此處的釐清與理解，應不致失之毫釐，差之千里。

在《莊子・大宗師》裡，天人的關係是其關切點，他說：「知天之所為，知人之所為者，至矣...雖然，有患...庸詎知吾所謂天之非人乎？所謂人之非天乎？且有真人，而後有真知。」莊子（369-286 B.C.）眼中的真人，是能知天人之分際之人，而這非常不容易，因為他問我們如何能知我們所謂的天其實有屬於人的成分，而所謂的人其實有屬於天的成分呢？放在靈療現象的脈絡下來問，倘若靈的世界乃屬天，物的世界乃屬人，那我們如何能知物與靈之分際呢？

莊子的提問既敏銳又複雜，而他的回應也耐人尋味。一方面，他認為「且有真人，而後有真知」，另一方面，他也不排除人在世的歷練，或許也有屬天的性質，而天的成分，或許也須有屬於人的參與以及成就。如此的見解，也與謝教授在書末對Ｊ老師引述與論評有所契合。Ｊ老師其人透過與靈界溝通的特殊能力，而知物靈之際。人在世的磨練，在於增進德性與靈性，反向而言，靈也未必能擺脫人世之情意糾葛。最終而言，人與靈應是各盡其本分，不妄想

越界而取，方為至善，如莊子所言：「天與人不相勝也，是之謂真
人。」在這樣的世界觀，天人雖為分殊，但同屬大自然的一部分。
或許，物與靈也當作如是觀。如此，身腦與心靈的因果互動，方成
為可能，而不致成為接受物靈並存之說的障礙。

第 九 章

**結論**

# 生命功課藉病啟示

本書未談靈魂本身，也不細談附靈的種類與靈附現象在臨床上可觀察到的症狀與表現，因為篇幅有限且不是本書的主旨，未來另有專書再詳細討論。本書也不以宗教信仰的角度來討論，因為凡事有因必有果，因果律原是大自然生命與心靈進化的基本法則，無分宗教。

我的疼痛門診，病患涵蓋各科，而症狀也光怪陸離，實實在在教了我無數醫學與科學殿堂裡學不到的生命功課。基於一個醫師的立場，對於任何身體上的問題，會建議應先尋求主流醫學的檢查與診斷，尋找可確定的物理性病因與即時的對應處理與治療。不過，從本書諸多案例所得到的啟示是，我們在了解自己身心疾病可能的生物學病因及接受主流醫學治療的同時，要謹記，「心」才是一切的根源。

這本書記載著我親見的許多有關因果與業障的實際案例，「善有善報，惡有惡報，不是不報，時辰未到」，誠哉斯言！《周易‧繫辭（下）》中說到：「善不積，不足以成名；惡不積，不足以滅身。小人以小善為無益而弗為也，以小惡為無傷而弗去也。故惡積而不可掩，罪大而不可解。」菩薩畏因，眾生畏果，因果果因，可不慎乎！生命的因果律略別於牛頓物理世界的因果律，但都是宇宙形成以來就一直在運行的自然律。就如同一位罹患腦瘤的求治者其附靈示現的時候所說：「有一天當你（妳）自己碰到了，然後坐在這裡的時候，你就知道是怎麼回事！」。

　　「眾生必須藉病與痛修行」，是J老師常講的一句話。醫學昌明的現代，試圖對各種疾病探求其可能的病因，最夯的精準醫學則意欲窮盡各種唯物理論的基因關聯與分子路徑的可能機轉，找出病因並提供個體化醫學的治療，唯獨最盤根糾結的心與意識世界之因果業力未曾入列病因之中，根本原因在於我們的無知及奉為圭臬的科學唯物論。在我親見本書中無數J氏靈療的案例，其中所示現的業力糾結，盡是人我之間的貪瞋癡，金錢權力與愛恨情仇的人性基本問題。正因為如此，娑婆世界生靈的意識與靈格難以提昇，這也正是我們來人間必修的生命功課。見了這些被現代醫學所放棄，但因接受J老師的靈療義診，同時願意誠心懺悔改過而痊癒的難以計數的受惠病人，讓我深深警惕到，現代醫學與心智科學對心智與意識的了解實在極度不足。

## 腦是意識的載體，但不是本體

　　一方面，從解讀腦神經訊號的角度而言，唯物論的腦神經科學與心智科學從上個世紀末以來的突飛猛進，已取得很大的進展，人腦的奧秘不斷地被解開。腦機介面與腦對腦的直接通訊科技的問世及與人工智能的結合，推動了神經科技的反向工程，利用深度學習與自然語言的技術，實現了對大腦皮質直接記錄所得神經訊號的解碼，成功的將人的內在思想與情緒解碼轉譯，並可以在電腦的螢幕上將人的思維予以視覺化，並用電腦的合成語音說出來，能表達解碼出的意念及思考的內容[1-6]。經由反向工程的技術，腦科學家與神經工程專家，已能初步透視本來以第三人稱的角度很難觸摸到的第一人稱的個人隱密思維與意識內容。這項技術才在最近被成功地應

用在一位因腦幹中風導致四肢癱瘓及言語障礙的病人[7]，重新開啟並回復他直接言語溝通的能力與可行性，這是腦神經科技的一項重大突破與里程碑。新的腦機介面神經科技，已然實現「第一人稱腦神經科學」的技術應用，展現了深入個人化神經現象學研究方式的潛力[8, 9]。未來更進一步，則應繼續拓展到「第二人稱腦神經科學」[10, 11]，研究個人與群體社會性互動下的現象經驗及相應神經動力學變化，從社會與環境的脈絡下來看個體間的心腦與靈的連動，以促進「身腦心靈」的整體健康與和諧。

1. Anumanchipalli, G. K., et al. (2019). Speech synthesis from neural decoding of spoken sentences. *Nature*, 568(7753), 493-498.

2. Makin, J. G., et al. (2020). Machine translation of cortical activity to text with an encoder–decoder framework. *Nature Neuroscience*, 23(4), 575-582.

3. Moses, D. A., et al. (2019). Real-time decoding of question-and-answer speech dialogue using human cortical activity. *Nature communications*, 10(1), 1-14.

4. Sani, O. G., et al. (2018). Mood variations decoded from multi-site intracranial human brain activity. *Nature Biotechnology,* 36(10), 954-961.

5. Silversmith, D. B., et al. (2021). Plug-and-play control of a brain–computer interface through neural map stabilization. *Nature Biotechnology*, 39(3), 326-335.

6. Sun, P., et al. (2020). Brain2Char: A deep architecture for decoding text from brain recordings. *Journal of Neural Engineering*, 17(6), 066015.

7. Moses, D. A., et al. (2021). Neuroprosthesis for decoding speech in a paralyzed person with anarthria. *New England Journal of Medicine*, 385(3), 217-227.

8. Northoff, G., et al. (2007). How does our brain constitute defense mechanisms? First-person neuroscience and psychoanalysis. *Psychotherapy and Psychosomatics,* 76(3), 141-153.

9. Northoff, G., et al. (2006). Subjective experience and neuronal integration in the brain: do we need a first-person neuroscience? *Fortschritte der Neurologie Psychiatrie*, 74(11), 627-634.

10.Longo, M. R. and Tsakiris, M. (2013). Merging second-person and first-person neuroscience. *Behavioral and Brain Sciences,* 36(4), 429-430.

11.Redcay, E. and Schilbach, L. (2019). Using second-person neuroscience to elucidate the mechanisms of social interaction. *Nature Reviews Neuroscience*, 20(8), 495-505.

　　腦科學此刻除了結合植入式的腦機介面，未來也必將更進一步地結合發展中的神經奈米機器人，將有可能直接記錄腦部所有神經元活性，收取海量腦神經資訊大數據，以解碼更複雜的思維，來達到完全的腦對腦的通訊與意識漫遊，並與資訊網路之元計算結合，建立人類集體的腦與「網路雲」聯結介面的願景，類似「意識物聯網」的概念，也正在科幻式的想像與建構中[12]。目前的雛形之一，就是將「Meta」公司的元宇宙平台科技與「Neuralink」公司的腦機介面科技，結合起來所蘊涵的概念。結合腦與「網路雲」成為「意識的物聯網」，進入「第二人稱腦神經科學」的科技時代，人類也就進入一個心智科技世代的新文明。可以預期，當結合人工智能與目前問世的極高速量子電腦的計算能力，腦與心智科學家將會進入如天文數字般的巨量腦神經資訊的處理尺度，屆時的腦科學意識理論模式及應用，將很難用現在的概念去理解與建構[13]。但是，這些現代與未來的神經科技，仍然只是在告訴我們一件事：我們的腦，其實是一個能透過多維度神經動力學與神經資訊學來解析及介入的生物機器，腦就是意識的生物性物理介面與載體。

　　另一方面，從直接調控腦部神經活性的角度而言，我們也看到腦科技介入人類心智與體驗的未來景況。2020年，史丹福大學約瑟夫・柏維茲（Josef Parvizi）教授所率領的團隊利用顱內電刺激術，

12.Martins, N. R., et al. (2019). Human brain/cloud interface. *Frontiers in Neuroscience*, 13, 112.

13.Kaku, M. (2015). *The future of the mind: The scientific quest to understand, enhance, and empower the mind*. Anchor Books.

於癲癇病人手術中電刺激人腦不同的部位，所誘發出的主觀感受之
全腦意識知覺圖譜顯示：以微電流刺激不同的與感覺、運動經驗相
關的後端腦區神經元時，可以引起光點視覺、刺、麻、癢、熱、脈
動、肢體移動意向等簡單的意識覺知反應。然而若電刺激與思考、
計畫、道德認知、決策及智能等高階認知相關的前端腦區（前額葉
之內外側皮質）神經元時，則不易引發有意識的覺知反應。該研究
指出離開感覺及運動區越遠，越不容易誘發意識覺知反應；即令是
預設模式網路區域及鄰近區域的神經元，也只有21%左右的刺激點
能誘發簡單的情緒與感覺反應（如恐懼、不安、性慾、歡樂、身體
漂浮的離體感覺等）[14, 15]。

　　約瑟夫‧柏維茲教授的臨床研究發現，似乎在告訴我們，乍看
之下腦是意識發生的本體，因為透過直接操弄腦，可以引發意識現
象的反應。在可預見的未來，人類將會繼續發展神經調節技術，
透過對自己腦部活性的調控，也許可能塑造一個計畫性的經驗或體
驗而成為虛擬的意識內容，做為醫療或娛樂性質的用途。但是在未
能解決根本「意識難題」的情況之下，卻是更凸顯了腦袋其實是
「人類意識的介面」的事實。我們的腦，一方面是經由自己的內部
活動，來承載我們意識的運作，以之與自己的身體與外在的世界互
動。作為一個介面，腦部活動當然可以被有形的物理世界的外力
（如電刺激、磁刺激等）所部分調節，而影響部份意識的表現。同

14. Koch, C. (2020). Hot or not. *Nature Human Behaviour*, 4(10), 991-992.

15. Fox, K. C. R., et al. (2020). Intrinsic network architecture predicts the effects elicited by intracranial electrical stimulation of the human brain. *Nature Human Behaviour*, 4(10), 1039-1052.

理，當然也就能被我們所不知道的無形外力所影響而被操控，就如同本書所述。

笛卡爾的心物或心身二元論中，心與物各為實體可以互動，只是如何互動，笛卡爾並未說明清楚。那個時代，並無現代生命科學及身心醫學的知識與科技，無從知曉身心互動的緊密關係。對心身二元論持反對意見的巴魯赫‧史賓諾莎（Baruch Spinoza, 1632-1677），則認為只有一個稱為「神」的實體，心與物是實體的兩個對應的獨立面向，且兩者彼此間因果獨立。這點則與我們當今的腦科學知識不相符，因為意識（心）與腦（物）之間存在一個跨範疇的同構對應關係：心智狀態與腦神經狀態間，是有緊密的對應與關聯。哥特佛萊德‧萊布尼茲（Gottfried Leibniz, 1646-1716）則提出「單子」論，認　單子是唯一實體，兼具心與物的性質，世界充滿單子，同時單子有不同等級，單子都有知覺或覺察的能力，但不同等級的單子則有不同程度的意識程度（從無意識到高階認知意識）。

對腦神經科學而言，我們的心智狀態與我們的腦狀態之間宛如單子，有某種同一的概念，兩者間存在同構的現象，心智狀態與腦狀態之間有對應的秩序。但是跨範疇的狀態或性質間之同構對應關係，並無法反映出彼此間的先後因果關係。

只有當我們放棄固執的唯物主義腦科學觀點，接受「腦不是意識的本體」，而是另有一個目前科學與醫學所未能究竟的意識體或

靈魂為心識的主體時，才能解決「意識難題」，但也因此同時會產生另一個「同構難題」：附靈是以何機轉與方式，完全接收並掌控了原不屬於他的身體與腦袋。附靈入侵下出現意識變異，當事人原本的自我意識與自己腦袋的同構關係，是被障礙或截斷，尤其當處於第五種「附靈入侵的意識變異狀態」時，當事人的腦袋及身體完全被附靈劫奪，而變成與附靈意識的同構，也就構成「同構難題」。這是在笛卡爾當年未充分解釋的心物互動機轉上，再疊加上去的另一道冥陽同構的對應問題。這兩道「意識難題」與「同構難題」，若要從唯物論的知識體系來解釋，將會是極度困難或不可能的任務。

## 靈魂的存在與科學的疆界

人類大腦約有860億個神經元及等量的神經膠質細胞，這些有如天文數字般的神經細胞，如何能夠彼此協同而建構出人類單一完整的主體意識，以當代人類腦科學與神經科學的知識，目前仍然無解。人類憑藉著五種感官來建構我們對外在物理世界的認知，但對五種感官之外的信息，因無身體的接受器來感知，也就無法去建構這部分的資訊，也無從認識這部分的世界。例如，在我們的周遭空間中有無數的電磁波攜帶著巨量的資訊穿越其間，但是我們的身體沒有自然的第六感官及接收器來針對電磁波解碼，必須藉助手機或其他電子3C產品，以我們的五種感官所能認知的方式來呈現電磁波裡的訊息。然而候鳥的視網膜與上喙則有感應地球磁場的獨立機制[16]，因此候鳥的世界觀裡有磁場的訊息，但人類具身體現的世界觀則無。

　　有形的腦神經結構的複雜度與功能特異化程度，與所承載的意識與心智功能之複雜度與豐富度息息相關，與認知維度的高低更是關係密切[17, 18]。就如同地球上，低維度、低意識複雜度的生物（如螞蟻），無法理解高維度、高時空意識複雜度的生物（如飛鳥、人類）所存在的世界。因此，我們應能接受這個世界及這個宇宙，理論上應該存在有與人類不同的或更高維度、更高意識複雜度，或更高文明的生命形式與意識體。而本書中所述說的各種現象與事證顯示，在有形的物理世界之上，存在另一個無形的意識訊息與意識能量世界。J氏靈療所呈現的一切，給了我們科學與醫學一記棒喝，其中種種的現象所告訴我們靈魂世界存在的事證，都遠超出目前自然科學與現代醫學所能解釋。聖奧古斯丁（Saint Augustine of Hippo，354-430）的名言：「奇蹟的發生並不違反大自然，而是違反我們對大自然所僅知的那一部分。」，更貼切的啟示應該是：「奇蹟的發生並不違反大自然，而是遵循更高的宇宙法則。」

　　受現代的科技技術所限，我們都只能單方面的以物理世界目前可以度量人腦神經活動的工具與方法學，從人腦神經活動的變化，來間接反映及推論當附靈對個體意識入侵當下，所發生種種現象的

16.Kishkinev, D. and Chernetsov, N. (2015). Magnetoreception systems in birds: A review of current research. *Biology Bulletin Reviews,* 5(1), 46-62.

17.Moulin-Frier, C., et al. *Top-down and bottom-up interactions between low-level reactive control and symbolic rule learning in embodied agents.* in Cognitive Computation: Integrating Neural and Symbolic Approaches at Conference on Neural Information Processing Systems. 2016.

18.Verschure, P. F. (2016). Synthetic consciousness: The distributed adaptive control perspective. *Philosophical Transactions of the Royal Society of London. Series B: Biological Sciences*, 371(1701), 20150448.

神經關聯。無法直接量測靈體的狀態、靈界的活動、與靈附時附靈的狀態，遑論想要一窺究竟浩瀚無邊的宇宙、能量與生命輪迴進化的機制。我在本書中做了初步的努力，效法威廉·詹姆斯寫《宗教經驗之種種》（*The Varieties of Religious Experience*）的精神[19, 20]，以神經現象學的視角來論述靈附現象、附靈示現、個體意識受附靈侵軋後的意識變異狀態，以及被靈附者其腦部的功能性神經表徵。雖然現象是確鑿的，但是其間任何理論、機轉與推論之極高困難度與侷限性，是顯而易見且難以克服，嚴格講都只屬於「正當的」臆測[21]。或許當我們的科技有一天發展到能夠度量暗物質與暗能量時，我們也許就能突破這個難題。

## 生命的意義

　　一位集生命科學家、幹細胞專家、哲學家及醫師於一身的學者羅伯特·蘭扎（Robert Lanza, 1956-），在貫通空間、時間、宇宙、意識、及死亡之科學與哲學課題之後，提出了一個以「生命／生物中心理論」為主軸的萬有理論，認為宇宙是一個為生物進化而精心設計出來的建構[22, 23]。「生命／生物中心理論」有七個原理，認

19. James, W. (1902). *The varieties of religious experience*. Longman. 《宗教經驗之種種》。蔡怡佳、劉宏信譯。2001年立緒出版。

20. Proudfoot, W. (2004). *William James and a science of religions: Reexperiencing the varieties of religious experience*. Columbia University Press.

21. McIntyre, L. (2019). *The scientific attitude: Defending science from denial, fraud, and pseudoscience*. MIT Press. 《科學態度：對抗陰謀論、欺詐，並與偽科學劃清界線的科學素養》。王惟芬譯。2021年國立陽明交通大學出版社出版。

22. Lanza, R. (2016). *Beyond biocentrism: Rethinking time, space, consciousness, and the illusion of death*. BenBella Books.

為宇宙的存在是被創造出來讓生命體在其中學習與進化的，而不是在無機的物理化學世界中意外產生的生命。整個宇宙是一個精密設計的場域，生命與生物是物理與化學的先導，是現實世界的中心，而時間與空間的知覺是生命其意識運作的簡單工具。意識是不死的，死亡只是其與肉體連接中斷的幻象。生命與意識才是理解宇宙實相之鑰。生命創造了宇宙，而非宇宙在偶然中創造了生命，生命的意義是在不斷的進化。

羅伯特・蘭扎「生命／生物中心理論」的理念，與J老師三十多年來對數以萬計的每一位求治者及課堂上，所一貫傳講的勉勵話語相同：

地球是一個靈性學習的學校與道場，我們投胎成為人，以人的生命形式具身存在這個世界，就是來這個四維（三度空間加上時間）世界體驗、學習、與進化的。透過此一難得的人身生命形式所被賦予的覺知能力，加上累世所形塑的自我，與外在世界及眾生的意識與心靈互涉，體驗不同的時空，繼續學習努力完成生命品質與心靈的進化，為下個生命與意識階段做準備。不進則退，這是一條無窮無盡的路，正所謂無始以來，無盡之後。不求成仙成佛菩薩之學，而以「完成人道、人學」為今生的生命功課，生命的意義不是追求虛無的跳出凡塵的解脫，而是當下人間道的覺行圓滿，以達靈性靈格的進化。

---

23.Lanza, R. and Berman, B. (2010). *Biocentrism: How life and consciousness are the keys to understanding the true nature of the universe.* BenBella Books.

當然這個生命／生物中心理論，認為生物或生命體所具備之諸多「不可化約的複雜性」和「特殊複雜性」，以及整體宇宙與大自然是透過物理參數的精密微調所成，不可能是偶發的或無方向的自然進程與自動演化的結果，必然有設計者與設計的概念。也因此，很容易就被信奉科學主義之主流科學界歸入長期以來被詬病的「智慧設計論」或者「創造論」[21, 24]。

科學界及科學哲學界認為智慧設計論與創造論「不是科學」，因為其論述無法用實驗來檢驗，不具有可否證性，並且自身無法產生預測和新的推論，因此被認為是偽科學[21]。但是，此刻人類生物科技的進步，必須重新檢視許多想法，尤其在能根據新的證據來否定或修正自己的刻板論述，本身也是重要的科學態度。對不同物種的成功複製（如複製靈長類），打開了人類以人工方式孕育複雜生命體的大門。幹細胞技術的進步，讓我們能夠誘導或操控幹細胞的分化成不同組織器官的細胞。我們利用基因編輯的技術，開始修改不同物種的基因（包括人類自己，如嚴峻挑戰醫學倫理之「修改愛滋病患者的胚胎基因」事件），逐步改變各種生命的生物形式（農作物的基因改造已行之有年），目前則已包括實驗室中製造新的病毒、設計與製造可程式化的人造結構eRNA（如Endless RNA™ 藥物平台[25]）。

24. Hick, J. (2004). *An interpretation of religion: Human responses to the transcendent.* Yale University Press. 《宗教之詮釋：人對超越的回應》。蔡怡佳譯。2013年聯經出版。

25. https://www.prnewswire.com/news-releases/laronde-attracts-440m-in-first-external-financing-to-further-advance-endless-rna-platform-301364820.html

　　以上每一項新的科技里程碑，都是刻意作為與人為智慧設計的實質，本質上等同於對生命系統的精準調控與細微的智慧設計。人類對生命系統的介入與設計，方興未艾，還只在初階，但對於低等生物系統，人類早已成為它們的修飾者與設計者；而人類自己呢？是否有更高維度的設計者（稱之為「造物之神」）存在？電影《普羅米修斯》（*Prometheus*）提出了一個令人深思的科學與哲學的橋段。

# 書後語

　　生命的多元世界不可思議，意識與心靈的奧秘不可思議。從本書所陳述之J氏靈療紀實及多元面向的深度討論，得到的啟示是：靈魂的存在是真實的，輪迴是真實的，靈界的存在更是真實的。如果我們接受靈附現象是真實存在，則靈魂的真實存在更是當然與自然合理，因果業力的存在也是無庸置疑。至於附靈離去後其生命進化之路，並非本書主旨，更非本書所能涵蓋。

　　寫此書，用意不是在建立靈附與靈療的腦科學理論，反倒是用心在拋磚引玉，提醒大家對不同形式的多重宇宙，我們必須以更開放的心胸來認真地加以了解。每一種理論，都會引起正反的討論與攻防論戰。重要的是，我們從不同的深邃心靈與思想中，學習到哪些能夠提升我們自己生命與靈命的功課。大自然一直在示現給人類不同文明階段之當下科技所無法解釋的現象，繼續帶動人類文明科技的發展與精神心靈的進化。這些現象的示現更在提醒我們，要以敬畏與謙恭的態度來看待生命及宇宙，人類的知識與文明，才會出現後人工智能時代量子跳躍式的進步。

## | 誌謝 |

　　本書的完成，首先要感謝J老師同意我數年來在其靈療時間，可以近身觀察記錄所有靈療的過程及深入面談每一位求治者，並對本書的內容逐項給予深入的討論、靈附與靈療景況的說明、珍貴的建議及斧正，更允許我以腦與心智科學的意涵與方式，來呈現其近四十年來以義診度化眾生之靈療紀實。

　　對於本書付梓的延誤，除了我個人猶豫再三之外，J老師更是躊躇不前，因為這本書的公開發行，將會從此影響J老師一生極度低調，不接受媒體採訪，從不宣揚的人生基調及隱士般的清靜生活。J老師數十年來只是大慧隱於市，默默行菩薩道，堅持弘道不弘教的一貫心念與原則，以靈療義診幫助疾苦眾生，教導奉行真心懺悔改過，來幫助每個求助者各自的生命功課與靈性的進化。

　　世風日下，有感於國內外被靈附與靈擾的人越來越多，在現代物質文明與功利主義當道之下，心靈被不斷物化，尤其當家庭教育、學校教育及社會教育對人心與道德的規範與提升已經嚴重失能時，只能揭櫫因果教育做為最終的警惕。J老師常言：

　　　　個人有個人造作的業力、家庭有家庭與家族的業力、社會國家有社會與國家的集體業力。「心」是疾病的根本源頭，而重視因果與端正心念的生命實踐，則是唯一的解方。

J老師一直不斷在提點所有來求助及請益的人，希望大家能明白心靈的實相與生命的意義，及大自然因果律的奧秘機制。基於對科學界與醫學界的開放，在深思數個月後，才終於首肯願意透過腦科學與靈學的對話，於本書中揭露諸多靈附的實相，以警惕世人，時刻正心、正念、正行。但希望本書出版後，仍能夠維持自己一貫的清靜生活，不受干擾。

　　特別感謝書中的每一位求治者與受治者，以無私的及利他的情操，願意將自己的經歷與個人的生命故事，做為生命教育與科學研究的教材，以提升眾人的覺知。感謝每一位我親身面談的當事人，對我的信任，願意與我侃侃而談，以及我從他們的真誠分享中所學習到的每件事。更是感謝老天的慈悲與安排，讓我有此無比的因緣與機緣，見證一切的人、事、物，明白天外真的有天。

　　感謝本書中多位不同學科領域的學者專家醫師等好朋友，於本書的序文（李嗣涔教授、李豐楙院士、陳思廷教授、林耕新醫師）以及第八章中的專文（李惟陽醫師、林一平教授、周成功教授、陳一平教授、鄭凱元教授），來分享他們親見本書中部分案例錄影紀實的心路、對本書中所提的意識與靈附的專業觀點、及他們個人的生命體驗，並以宏觀的視野給予評論與演繹。還有多位學者專家醫師，由於來文較晚，且受限於篇幅的關係，未能將他們的專文放入本書，在此特別致歉，將會放入我未來的相關著書中，與讀者們分享。

　　感謝我的博士班學生楊青如、洪慈憶、鄭叓凱及廖尹君、博士後學生李瑋淇博士以及實驗室技術同仁鄭州閔及周志哲博士，大家一起審稿校稿、協助繪圖、彙整參考文獻。謝謝周志哲博士協助分析J氏靈療腦磁波檢查的資料，並且數次確認、再確認所分析結果的正確性。

　　尤其感謝有緣閱讀此書的讀者，能夠敞開心扉，敬畏因果，透過本書基於腦科學的視角，所刻畫非物理世界真實存在的一點努力，能以全新的認知來體現自己的生命，成就自己今生的生命功課。

　　所有的一切，點滴在心，誠摯感謝！

國家圖書館出版品預行編目（CIP）資料

　　誰劫奪了笛卡爾的腦袋？
　　　腦科學看意識、靈附與靈療 / 謝仁俊著.
　　　新北市：稻田出版有限公司,民 111.12
　　　　面;　　　公分, --（Jspace ;Js1）
　　ISBN 978-986-5949-99-0（平裝）


　　1.CST：靈魂 2.CST：意識 3.CST：生理心理學


　　216.9　　　　　　　　　　　　　111019957

**Jspace**
**JS01**

**誰劫奪了笛卡爾的腦袋？**

作　　　者：謝仁俊
出　　　版：稻田出版有限公司
發 行 人：孫鈴珠
社　　長：李　　赫
美　　編：柳靜宜
封面繪圖：許永和
地　　址：新北市永和區中正路660號5樓
電　　話：02-29262805
傳　　真：02-29249942
電　　郵：dowtien@ms41.hinet.net
網　　址：稻田耕讀網 www.booklink.com.tw
出版日期：2022年（民111）12月
　　　　　2023年（民112）3月第一版第2刷
定　　價：480元

Printed in Taiwan